있는 그대로의 나를 인정하는것
이것이 자기 사랑의 시작입니다.

지금 이대로 좋다

자유롭고 행복하고 싶은 당신에게 전하는 법륜스님의 희망편지

지금 이대로 좋다

법륜 지음 | 박정은 그림

정토출판

책머리에

많은 사람들이 자신의 능력이나 외모, 성격 등을 남과 비교하면서 삽니다. 과연 이것들에 문제가 있을까요? 아니면 스스로에 대한 지나친 기대와 욕심 때문일까요? 많은 이들이 나는 인물도 잘 나야 하고, 아는 것도 많아야 하고, 말도 잘 해야 한다는 강박 관념을 갖고 살아요. 마치 누에고치가 자기 입에서 나온 실로 고치를 만들고 그 속에 갇히듯이 내가 원하는 것이 도리어 나를 속박하고 나를 괴롭힙니다.

자기 바람을 기준으로 현재의 자기를 보니까 외모도 불만이고, 아는 것도 없고, 말도 잘 못하는 사람으로 인식되어 열등감을 느낍니다. 이럴 때 자기 바람에 맞추어 자기를 끌어올려야 할까요? 아니면 욕심을 버려야 할까요?

욕심을 버리면 나는 지금 이대로도 괜찮고, 애쓰고 긴장할 일도 없어집니다. 사실을 사실대로 알면 괴로움이 없어지고, 불만이 없어지고, 저절로 감사하는 마음이 듭니다.

    깨달음은 특별한 게 아니라 사실을 사실대로 알아차리는 거예요. 우리가 괴로운 건 무슨 죄가 많아서, 사주팔자가 나빠서가 아니라 사실을 사실대로 알지 못하는 인식상의 오류 때문이에요. 사실을 사실대로 아는 것을 지혜라고 합니다. 실상을 알면 모든 괴로움은 사라져버립니다. 관계 속에 존재하고, 늘 조금씩 변화하고 있습니다.

    이 책은 '법륜 스님의 희망편지' 가운데 높은 조회와 공감을 받은 이야기들을 묶었습니다. 책 속의 이야기처럼 우리들의 마음도 가을 하늘처럼 맑고 밝아 행복하게 살아가시기 바랍니다.

2019년 10월 20일
법륜

차례

책머리에 4

1. 지금, 여기, 나

왜 사는 걸까 12   처음처럼 14   열정 없이 살아라 16   지금, 여기, 나 18
기대하는 마음 없이 20   나를 사랑하는 법 22   스스로에게 물어라 24
회피하는 것과 놓아버리는 것 25   원인과 결과의 시차 26   화가 나는 이유 28
인정하면 자유로워진다 30   어디를 향해 달리나요 32   적게 쓰고 적게 먹는 삶 34
후회는 자기 학대다 36   인생은 수를 놓는 것과 같다 38
좋은 일을 하는데 왜 괴로울까요 40   행복과 불행은 내가 만드는 것 41
내가 너무 미워요 42   남이 한 말로 괴롭다면 44   방관자와 참여자 46
운명을 바꾸는 법 48   생각 한번 돌이키면 50   오르막 내리막 52
마음이 허전할 때 54   습관에 끌려가지 않는 삶 55

2. 네가 있으므로 내가 있고

오늘, 첫 만남입니다 58   남을 고치려는 마음 60
부부간의 갈등 61   소통의 비결 62   친구가 변했어요 64
집착과 외면 67   부모님의 인생을 사셨으면 좋겠어요 69
사람이 제일 어려워요 70   상대의 말투 때문에 상처받아요 72
욕심을 버리는 법 75   삶은 습관이다 76   부모의 책임 78
남 탓할 필요 없다 80   불안은 어디에서 오는가 82
이 정도면 괜찮다 83   장님과 코끼리 84   몸으로 부딪쳐라 86   자아실현 87
무심히 보라 88   스펙보다 경험 89   불편한 동료 90   좋은 인연 나쁜 인연 92
인간관계가 오래가지 못합니다 94   1년은 견뎌라 96   공부를 잘하고 싶어요 98
인생의 무게 100   마음은 변하는 게 당연하다 102

3. 항상 옳은 것이란 없다

본래 괴로울 일이 없어요 106 허상과 실상 108 능력을 인정받고 싶을 때 111

진정한 배려 112 부모님께는 다만 감사할 뿐입니다 114

자존감을 회복하려면 116 내 인생의 황금기 118 깨달음에 걸리는 시간 119

욕망이라는 불덩이 120 부모님이 싸우실 때 122

긍정적으로 보는 연습 123 갠지스강의 물고기 124 나의 기쁨은 누군가의 희생 126

남들 앞에 서는 게 두려워요 127 일과 재미 128 갈등은 왜 생기나 129

나는 행복할 권리가 있다 130 선택장애로 괴롭다면 132

취향은 괜찮지만, 차별은 안 돼요 134 착한 척하느라 괴로워요 135

화단에 핀 꽃 136 특별한 날을 쫓는 당신 138 세상을 굴리는 자 141

마음의 면역력을 키우는 법 142

4.
꽃처럼 예쁘다

오늘도 살아 있네 146　대가를 바라지 않는 삶 148　남의 말에 흔들리지 말라 149
어떤 선택 150　실패해도 괜찮아요 152　착한 사람이 무서운 이유 154
인도에서 만난 여인 156　지난 상처로 괴로운가요 158　겸손하고 당당하게 161
한평생 죽도록 일만 하다 갈래요? 162　인간은 본래 이기적이다 164
욕구는 장작불과 같다 166　있는 그대로의 나 168　외로운가요? 170
열등감과 우월감 172　죽음이 두려워요 174　온전한 나를 만나는 길 175
감정조절이 잘 안돼요 176　마음의 봄 178　좋은 인연을 만나고 싶은데 179
부모를 닮은 내 모습이 싫어요 180　완벽한 결혼은 없다 182　나의 꿈 184

5.
잘했고 잘하고 있고 잘할 거야

흔들리는 마음 188　어떻게 살아야 하나 189　최고의 선물 191
즐거움과 괴로움은 한 뿌리 192　위로하겠다는 건 내 욕심이에요 194
사랑 좋아하시네 195　아이의 삶에 자긍심을 심어주세요 196
나이 든다는 것은 199　누가 주인인가 201　다름을 인정하기 202
겨자씨로 얻은 깨달음 204　애인이 배신했어요 206
정체성이란 무엇인가 208　지금 이대로 좋은 삶 210
너는 소원이 뭐니? 212　주어지는 대로 213
시험을 준비하는 청년에게 214　직장을 그만두고 싶어요 216
내가 변해야 진짜 공부 218　국수 한 그릇의 행복 219
상대의 마음을 얻고 싶을 때 220　하고 싶은 일이 없어요 222
꿈을 향해 가기가 힘들어요 224　눈 감을 때 226

6. 지금 이대로 내가 참 좋다

댓돌 위의 신발 230　마음이 답답해요 231
나무는 저절로 그늘을 드리운다 232　중도 234　아픈 것도 수행이에요 236
명상을 할 때는 238　화로부터의 자유 240
그냥 '싹' 해버립니다 242　번뇌에서 벗어나려면 244
기도는 어떻게 해야 할까요 246　베풀 때 가장 행복해요 247
교회에 갈까요, 절에 갈까요 248　죽은 소에게 풀 먹이는 아이 250
좋은 게 반드시 좋은 게 아니다 252　옳고 그름이 없다 254
기도는 바라는 마음을 내려놓는 것 255　윤회에서 벗어나려면 256
옆에 있는 사람이 하늘입니다 257　아부하기 싫어요 258　있는 그대로 보기 260
있는 그대로의 내가 참 좋다 262　나 먼저 행복하기 264
내가 움켜쥔 구슬 266　소비하는 삶에서 순환하는 삶으로 267
낙엽을 보면 쓸쓸한가요 268　얼음이 녹아서 물이 되듯 269
날마다 새날입니다 271

1.

지금, 여기, 나

왜 사는 걸까

사람은 왜 살까?
사는 데는 이유가 없습니다.
그냥 삽니다.

다람쥐나 토끼는
의미를 찾아서 사는 게 아니라 그냥 삽니다.
천하 만물이 다 그냥 삽니다.
사는 데는 이유가 없어요.

'나는 생각한다. 고로 존재한다.'
그렇지 않습니다.
존재가 우선입니다.
생각하기 전에 이미 존재하고 있고
이미 살고 있다는 말이에요.

'왜'가 아니라 '어떻게'입니다.
이미 살고 있는데
즐겁게 살 건지, 괴롭게 살 건지,
그건 나의 선택입니다.
아침에 눈 떠서 살아있으면
'오늘은 어떻게 살면 좋을까' 하고
생각해 보세요.

처음처럼

우리는 인생을 습관적으로 살기 쉽습니다.
어떤 일을 하거나 사람을 만날 때도
처음 대하듯이 하기가 어렵지요.

가보지 않은 곳을 처음 구경하면 신기합니다.
그래서 자세히 봅니다.
인생도 그렇게 해보세요.
신기한 마음으로 자기 인생을 바라보세요.

어떤 일이든 처음 하듯이
새로운 마음을 내서
정성을 다해서 해봅니다.

열정 없이 살아라

"사는 게 우울하고 꿈이나 열정이 없어요."

사는 데 열정이 꼭 필요한가요?
열정은 약간 들뜬 상태입니다.
삶은 그냥 살아지는 거예요.
아무것도 하지 말라는 게 아니라
내게 필요한 일은 하되
돈을 많이 벌어야겠다, 인기를 끌어야겠다고
욕심내지 말라는 겁니다.

다람쥐도 제 먹을 건 제가 마련하고 살아요.
재미있어서 도토리를 줍는 것도 아니고
괴로워하며 줍는 것도 아니죠.
할 수 있는 만큼 그냥 하면서 살아요.

열정이 있어야 한다, 꿈이 있어야 한다면서
괴로움을 만들지 말고
할 수 있는 만큼만 하면서 편하게 살아보세요.
사는 건, 힘든 일이 아니에요.

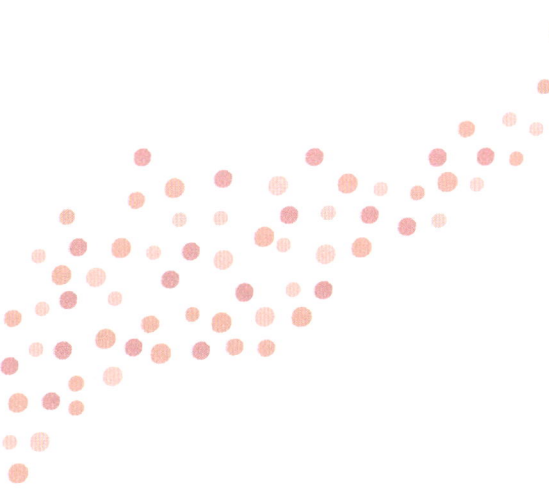

지금, 여기, 나

꿈속에서는 좋은 꿈 나쁜 꿈이 있지만
깨고 나면 다만 꿈일 뿐입니다.
달콤한 꿈은 깨고 나면 아쉽지만
나쁜 꿈은 깨고 일어나면 안도의 한숨을 쉽니다.

꿈속에 보이는 일들만 꿈일까요?
과거에 좋았던 경험과 괴로웠던 일이
그리움과 상처로 남았다면
아직 꿈속에 있다고 봐야 해요.

대부분 과거 생각에 괴롭고
미래 생각에 근심 걱정합니다.
과거의 기억 속에 사는 사람도
미래에 대한 염려 속에 사는 사람도
꿈속에 사는 사람이죠.

후회와 근심 걱정으로 괴로울 때는
'내가 또 꿈을 꾸고 있구나' 하고
바로 깨어나야 합니다.

지금을 놓치면 번뇌에 휩싸이게 되고
지금에 깨어 있으면 불행할 이유가 없어져요.

과거나 미래가 아닌 지금
저기가 아닌 여기
남이 아닌 나에게 깨어 있는 것이
자유로워지는 길입니다.

기대하는 마음 없이

어리석은 사람은
자기는 사랑하지 않으면서 사랑받으려 합니다.
그래서 괴롭습니다.

현명한 사람은
자기가 먼저 사랑하고 사랑받으려 합니다.
그래도 괴롭습니다.

먼저 사랑을 주어도
상대가 나를 사랑하지 않을 수도 있어요.
그러면 원망하는 마음이 생깁니다.
그래서 사랑은 미움의 씨앗이라고 말합니다.
사랑하기 때문에 미움이 생기는 것이 아니라
사랑받으려 하기 때문에 미움이 생깁니다.

누군가를 사랑할 때는
베푸는 마음만 내고 기대하는 마음이 없어야 합니다.
다만 사랑할 뿐이어야 합니다.
바다를 보면 기분이 좋은 건
바다가 나를 좋아해서가 아니라
내가 바다를 좋아하기 때문입니다.

기대 없이 누군가를 좋아해 보세요.
바다를 사랑하듯, 산을 좋아하듯.

나를 사랑하는 법

이 세상에서 제일 중요한 사람은
자기 자신입니다.
그렇기에 자기 자신을 소중하게 여겨야 합니다.

세상살이에 항상 불평불만을 가지고
남을 미워하며 괴로움에 시달리는 사람은
자기 자신을 괴롭히는 사람입니다.

온갖 빛깔의 꽃들과 파란 새싹들을 볼 수 있다는 것은
엄청난 복입니다.
부처님의 좋은 법문을 들을 수 있다는 것
아름다운 자연의 소리를 들을 수 있다는 것
이건 정말 큰 행복입니다.

그런데 우리가 왜 인생을 괴롭게 살아야 합니까?
남을 좋아하면 내가 즐겁고
남을 사랑하면 내가 기쁘고
남을 이해하면 내 마음이 시원해지는 것
이 모두가 나를 사랑하는 법입니다.

스스로에게
물어라

나는 누구인가?
지금 무엇을 하고 있는가?
어디로 가고 있는가를 봐야 해요.
이걸 보지 못하니 인생이 괴로운 거예요.

그 사람 없으면 못 산다고 좋아하다가
그 사람 때문에 못 살겠다고 헤어지고
그래도 그 사람이 더 나았다며 후회해요.
들어가고 싶은 직장에 재수까지 해서 들어가 놓고
그 직장 때문에 못 살겠다며 사표 쓰고 나와요.
갖은 방법을 동원해 애를 낳아 놓고는
그 애 때문에 못 살겠다고 죽는 소릴 해요.

괴로움의 원인은 자기가 누군지, 어디로 가는지,
지금 뭐하는지도 모르고 살기 때문입니다.

그러니 가끔은 멈추고
'너 누구니, 어디로 가니, 지금 뭐하고 있니?'
스스로에게 물어보세요.

회피하는 것과
놓아버리는 것

놓아버리는 것과 회피하는 것의 차이는
놓아버리는 것은 재발하지 않고
회피한 것은 재발한다는 겁니다.

애인과 헤어져서 속상한 마음에 잊어버리려고
저녁에 술 먹고 잠이 들었는데
아침에 일어나 똑같은 괴로움이 반복되면 이것은 회피입니다.
그러나 '그동안 나와 함께 해주어 고마웠어. 잘 가라' 하고
미련을 놓고 작별을 고하면 그걸로 끝이 납니다.

부모님과 관계가 좋지 않아서 부모님의 전화를 피한다면
그 갈등과 괴로움은 계속 재발합니다.
부모님에 대한 거부 반응을 놓아버리면
전화가 오면 받고, 오지 않으면 안 받으면 되지
그게 부담이 되지는 않습니다.

어떠한 문제에 직면하면 회피하기보다는
정면으로 맞닥뜨려 해결하고 놓아버리는 것이 좋습니다.

원인과 결과의
시차

무언가를 잘못했을 때 그 자리에서 바로 손해가 나면
누구도 잘못을 저지르지 않을 겁니다.
또 좋은 일을 했을 때 바로 공덕보람이 드러나면
누구라도 좋은 일을 할 겁니다.

잘못을 해도, 좋은 일을 해도
결과가 금방 드러나지 않으니까
잘못을 저질러도 괜찮을 거 같고,
좋은 일은 해도 표가 안 나니까
하기가 싫어집니다.

그런데 조금만 길게 보면
잘못한 과보는 피할 수 없고
좋은 일을 하면 언젠가 그 공덕은 드러나게 마련입니다.

내가 원할 때 원하는 모습으로 안 나타날 뿐입니다.
좋은 인연을 지은 것은 모두 저축돼 있고
나쁜 인연을 지은 것은 모두 빚으로 남아 있습니다.
그러니 결과가 바로 드러나지 않는다고
실망하거나 좋아하지 말아야 합니다.

"지은 인연의 과보는 피할 수가 없다.
깊은 바닷속, 깊은 산속에 숨는다 하더라도."

화가 나는 이유

화가 나는 이유를 잘 살펴보면
'내가 옳다'는 생각이 마음 깊이 있기 때문입니다.

잘난 내가 보기에 다른 사람이
마음에 안 들어서 화가 나는 것이지요.
이런 감정은 내면에 깊이 깔려 있어 쉽게 드러나지 않지만
가족처럼 가까운 사이에서는
무의식 속에 잠재되어 있다가 부지불식간에 튀어나옵니다.

화를 벌컥 내고 난 다음에 흔히 하는 말이 있지요.
'나도 모르게 그랬다. 습관적으로 그랬다.
무의식적으로 그랬다.'
이게 무슨 의미일까요?

실제로 감정이란
외부 경계가 내 업식(까르마)을 자극하면
무의식적으로 나오는 습관화된 반응입니다.
이 말을 선뜻 수긍하지 못하는 사람들은
'네가 나를 화나게 했다'고 우깁니다.

그런데 잘 살펴보면
화를 낼만한 상황이라는 기준 자체가
지극히 자기중심적입니다.
각자 살아온 환경과 그 안에서 축적된 경험,
그리고 그 과정에서 형성된 가치관에 따른 것이니까요.
말로는 객관적이고 공정하다고 하지만
실제로는 내 생각이고, 내 취향이고,
내 기준에 불과합니다.

화가 난다는 건 누구의 잘못이 아니라,
내가 옳고 네가 틀렸다는 내 분별심^{판가름} 때문입니다.
사사건건 옳고 그름을 가르려는 습관이
내 안의 도화선^{마음의 습관}에 자꾸만 불을 댕기는 겁니다.

인정하면
자유로워진다

"지금보다 자유롭고 기쁘게 살려면
어떻게 살아야 할까요?"

잘못한 줄 알았으면 뉘우쳐야 합니다.
사람들은 대부분 자기가 잘못한 줄 모르고
알아도 자존심 때문에 뉘우치기 싫어합니다.
만약 어떤 잘못을 했다면
내가 잘못한 줄을 1년 뒤에 아는 게 좋습니까,
그 날 바로 아는 게 좋습니까?

틀린 줄 알았으면 고쳐야 합니다.
틀리고도 틀린 줄 모르면 어리석은 사람이고
틀린 줄 알고도 못 고치면 큰 손실을 일으키는 바보입니다.

모르는 게 있으면 물어서 알면 됩니다.
우리는 대부분 모르면서 아는 체합니다.
천국이 어떻고 지옥이 어떻고 말을 하지만
그것이 얼마나 진실에 가까울까요.

모르는 걸 안다고 붙들고 있거나
틀린 걸 안 틀렸다고 우기기 때문에
인생이 힘들어지고 발전이 없습니다.
'이건 내가 잘못했구나, 이건 내가 틀렸구나,
이건 내가 몰랐구나' 하고 인정하면
삶이 참 가볍고 자유로워집니다.

어디를 향해
달리나요

어느 날 나무 아래서 낮잠을 자던 토끼는 '꽝!' 하는 소리에 화들짝 놀라 도망을 쳤습니다.

이 모습을 본 노루가 이유를 묻자 하늘이 무너지고 땅이 꺼지고 있다고 토끼가 대답했습니다. 놀란 노루도 토끼를 따라 달리기 시작했고 이어 원숭이도 코끼리도 너구리도 숲속의 모든 동물들이 달리기 시작했습니다. 숲속 끝에 천 길 낭떠러지가 있는 줄도 모르고 말이죠.

숲속의 왕 사자가 이들을 멈추게 하고 왜 달리는지 이유를 물었습니다. 그런데 아무도 아는 자가 없었습니다. 하나하나 확인하니 출발은 토끼였습니다. 사정을 알게 된 사자는 동물들을 데리고 토끼가 낮잠을 자던 장소로 가보았습니다.

그런데 이게 웬일입니까. 나무 아래에 도토리 한 알이 떨어졌을 뿐 너무나 평화롭기만 했습니다.

지금 우리의 삶은 어떤가요?
혹 남을 따라 어디로 가는지도 모르고 죽기 살기로 달리고 있는 건 아닌가요?

적게 쓰고
적게 먹는 삶

사람들은 누구나 잘 살고 싶어 합니다.
잘 산다는 것은 무엇일까요?

많이 벌어서 많이 쓰는 것이 잘 사는 것일까요?
많이 벌고 많이 쓰기 위해 대량으로 물건을 생산하고
그것은 자원의 고갈과 환경오염으로 이어집니다.

환경 문제는 단순히 환경의 문제로 끝나지 않고
국제적인 분쟁을 초래하기도 합니다.
이렇게 환경 문제는
우리 삶과 직결되는 중요한 문제입니다.

내 것이니 내 마음대로 쓴다는 마음을 접고
작은 것부터 환경을 위해 실천해보세요.

내 삶의 태도가 조금씩 바뀌어
적게 쓰고 적게 먹고 남기거나 버리지 않는다면
지구 환경이 좋아지고
내 삶이 더 만족스러워지고
내게 생긴 여유로 남을 도울 수 있어
삶이 더욱 보람 있게 됩니다.

후회는
자기 학대다

지나간 잘못을 후회하며 자책하는 것은
어리석은 거예요.
후회는 실수를 저지른 자기를 미워하는 마음으로
자기에 대한 또 다른 학대입니다.

남을 용서하지 못 하는 게 미움이라면
자기를 용서하지 못 하는 게 후회입니다.
후회는 반성이 아니에요.
'나처럼 잘난 인간이 어떻게 바보처럼 그때 그걸 못했을까?'
이게 후회예요.
이제라도 그때 그런 수준이 나라는 걸 인정하고
받아들이면 됩니다.

넘어지면 넘어진 채 울고만 있을 게 아니라
벌떡 다시 일어나면 됩니다.
사람이란 별것 아니에요.
실수도 하고 잘못할 수도 있어요.
이런 나를 나무라는 대신
'잘못했구나. 다음엔 같은 실수하지 말아야지' 하고
가볍게 끝내고 후회나 자책 대신
앞으로 나아가야 합니다.

인생은
수를 놓는 것과 같다

인생은 수를 놓는 것과 같습니다.
하루하루 순간순간 겪는 것이 그대로 인생입니다.
꽃을 놓든 잎을 놓든 배경을 만들든
수를 놓는 사람에게는
다만 한 땀 한 땀일 뿐입니다.

어떤 일을 겪든
순간순간이 다 소중한 나의 인생입니다.
어느 순간도 버릴 것이 없습니다.
아무리 똑같은 일이 반복되는 것 같아도
인생에 반복은 없습니다.
꽃을 여러 개 수놓는다고 해서
똑같은 꽃이 아닌 것과 같습니다.

오늘만 새롭게 출발하는 것이 아니라
나날이 새로운 출발입니다.

좋은 일을 하는데
왜 괴로울까요

좋은 일을 하는데 괴로운 것은
집착하기 때문입니다.
좋은 일이라는 명분을 내걸고 남에게 강요하고
따라주지 않으면 미워하기 때문에
괴로움이 생깁니다.

좋은 일이 있으면 나부터 그렇게 하고
누군가 물으면 그렇게 알려주면 됩니다.
따르고 안 따르고는 그 사람 인생이에요.
내 인생만 소중한 게 아니라 남의 인생도 소중하고
내 생각만 소중한 게 아니라 남의 생각도 소중합니다.
내가 보기에 좋은 일이라고
모두 따라야 하는 건 아닙니다.

행복과 불행은
내가 만드는 것

두 눈 다 잘 보이던 사람이
한쪽 눈을 다치면 불행하다고 생각합니다.
하지만 앞을 못 보던 사람이
한쪽 눈이 보이게 되면 행복해하겠지요.
똑같이 한쪽 눈으로 세상을 보지만
그 조건이 한 사람에게는 불행이 되고
다른 사람에게는 행복이 됩니다.

행복과 불행은
다른 사람이나 어떤 조건이 만드는 것이 아니라
내가 만들 때가 많습니다.
상대를 바꿔야 내가 행복해질 수 있다면
그걸 이룰 수 없을 때는
상대를 탓하거나 절망할 수밖에 없지만
불행의 원인이 나의 어리석음에 있고
사물을 바라보는 관점이 잘못되어서 생긴 문제라면
아주 쉽게 문제를 해결할 수 있습니다.

내가 너무 미워요

자기를 그리는 마음속의 상(想)은
현실의 내 모습과 늘 차이가 있습니다.
그 차이가 크면 클수록
현실의 자기를 미워하고 자학하게 되는데
그럴 때 가장 소극적인 현상이 부끄러움을 느끼는 것입니다.

부끄러움이 심해지면 남을 만나지 않으려 하고
더 심해지면 우울증이 되어서
자신을 미워하고 죽어버리고 싶어집니다.
미워하는 것과 살인은 행위로 따지면 큰 차이가 있지만
마음에서는 별 차이가 없습니다.
미워하는 것 자체가 곧 살생입니다.

자기가 별 것 아님을 자각하고
지나치게 높이 설정한 허상을 놓아버리는 좋은 방법은
엎드려 절하는 것입니다.

절은 세상에서 가장 자신을 낮추는 행위입니다.
손과 발과 무릎과 머리를 땅에 대고 절하는 것은
내가 당신보다 잘난 게 없음을,
세상 모든 생명체와 마찬가지로 지극히 평범한 존재임을
인정하는 행위입니다.

엎드려 절하다 보면
자신이 길가에 핀 들풀처럼
특별할 것 없는 존재임을 알게 되어 편안해집니다.

남이 한 말로
괴롭다면

남이 한 말로 지금 내가 괴롭다면
그 말이 그 사람의 스트레스로 꽁꽁 뭉친
쓰레기라고 여겨보세요.
쓰레기는 받는 즉시 버려야 합니다.

그런데 여러분은 지금
엄마가 버린 쓰레기 봉지
아빠가 버린 쓰레기 봉지
상사가 버린 쓰레기 봉지
선생님이 버린 쓰레기 봉지를
끌어안고 삽니다.

세상을 살다 보면
사람들이 나에게 쓰레기 봉지를 던져줄 때도 있어요.
받자마자 그냥 버리면 될 텐데
그걸 다 끌어 안고 다니면서
'아빠는 이런 쓰레기를 주었고,
엄마는 이런 쓰레기를 주었고,
선생님은 이런 걸 주었잖아' 라며 남 탓하는 게
우리 인생이에요.

남이 나에게 준 쓰레기 봉지를
안고 다니지 마세요.
남이 준 걸 받아 지니고 괴로워하면
내 인생이 그 사람의 쓰레기통밖에 되지 않아요.

방관자와
참여자

우리 주변을 보면
정치든 종교든 자기만 옳다고 외치는
극단적인 사람들이 있는데
정치는 종종 그런 극단적인 소수에 의해 좌우됩니다.

왜 그럴까요?
그들은 행동하기 때문입니다.
시위하고 고함을 지르니까
눈살을 찌푸리면서도 쏠림 현상이 생깁니다.
반대로 신사적이고 합리적인 사람들은
인격적으로는 참 좋은데
사회 변화에는 큰 기여를 하지 못합니다.
내 옷에 흙탕물이 튈까봐
행동하지 않기 때문입니다.

극단적인 사람들은 돈을 내서 얼토당토않은 광고를 하고
시간 내서 시위에 나오니까
소수라도 여론을 주도합니다.
그걸 비난만 할 것이 아니라
중도적인 사람들도 평화적으로 행동을 해야 합니다.
그래야 세상이 좋은 쪽으로 바뀔 수 있어요.

더럽다고 피하지 말고
악쓴다고 같이 악쓰지도 말고
방관자에서 참여자로 삶의 태도를 바꿀 때
좀 더 나은 세상으로 나아갈 수 있습니다.

운명을 바꾸는 법

운명이 전생에 이미 정해져 있다면
우리는 그 운명을 바꿀 수가 없습니다.
그런데 전생도, 내생도
바로 '지금'에서 시작한다는 것을 알면
삶이 달라집니다.

상대가 나에게 욕을 할 때 덩달아 욕하면
전생도 원수지간이요, 현생도 원수지간이요,
내생도 원수지간이 되는데
상대가 나에게 욕을 할 때 한번 빙긋이 웃으면
전생도, 현생도, 내생도 좋은 인연이 됩니다.
한번 깨달으면 '삼생의 업이 녹는다'고 합니다.

지금 우리는 그 한 번을
빙긋이 웃을 수 없기 때문에
부부지간에도, 부자지간에도
'내가 저 인간하고 전생에 무슨 원수가 졌나?' 합니다.

이 모든 일이 바로 '지금 여기'에서
일어난다는 것을 알면 해결의 길이 보입니다.
깨달음은 운명대로 사는 게 아니라
운명을 바꾸는 겁니다.

생각 한번 돌이키면

우리가 인생에서 겪는 사건들은
어떻게 생각하느냐에 따라
힘겹기도 하고 별일 아니기도 합니다.

옛날 어떤 할머니에게 두 딸이 있었는데
큰 딸은 짚신 장수한테 시집을 보내고
작은 딸은 우산 장수한테 시집을 보냈습니다.
두 딸을 시집보낸 할머니는
비 오는 날은 짚신 장수에게 시집보낸 딸을 걱정하고
날이 맑으면 우산 장수에게 시집보낸 딸을 걱정했습니다.
그러니 매일 걱정만 하면서 살았습니다.

이 할머니가 생각을 뒤집어서
비 오는 날은 우산 장수에게 시집보낸 딸을 생각하고
맑은 날은 짚신 장수에게 시집보낸 딸을 생각했다면
비가 오면 우산이 잘 팔려서 웃음이 나고
날이 맑으면 짚신이 잘 팔려서 웃음이 나니
항상 기분 좋게 웃고 살 수 있었을 겁니다.

자기 인생을 부정적으로 생각하며 울면서 살지
긍정적으로 생각하며 웃으며 살지는
본인만이 결정할 수 있습니다.
생각 한번 돌이키면
항상 웃으며 인생을 살아갈 수 있습니다.

오르막
내리막

인생 전체를 놓고 보면
실패했을 때나 성공했을 때나 똑같은 내 인생입니다.
내리막길이나 오르막길이나 똑같은 산길입니다.

인생은 과정이 중요하지, 결과가 중요하지 않아요.
산꼭대기에 올라가는 게 중요하면
케이블카 타고 올라가면 되지만
등산은 산을 오르는 과정이라
걸어서 올라가야 합니다.

등산하다 다친 사람이 있으면
업고 중간에 내려올 수도 있습니다.
꼭대기에 못 올라갔다고 해서
등산을 안 한 것은 아니지요.

성공과 실패에 관계없이
하루하루가 모여서
우리의 인생이 됩니다.

마음이 허전할 때

공허하고 허전한 마음이 들 때
자기 마음을 한번 잘 들여다보세요.
그 허전함을 무언가로 채우려 하는
마음이 보일 것입니다.

사는 건 특별한 일이 아닙니다.
평범한 일상 속에서
상대를 이해하고 어려운 일에 처했을 때
서로 돕고 위로하는 것이 인생입니다.

마음이 허전할 때는
내가 뭔가 바라는 마음으로 헤매고 있음을 알고
그 바라는 마음을 놓아버리면
허전함이 흔적도 없이 사라질 것입니다.

습관에 끌려가지
않는 삶

감정을 억누르면 스트레스를 받고
터뜨리면 후회가 따릅니다.
참으면 괴롭고, 터뜨리면 속은 시원한데 과보를 받아요.
이게 우리들의 삶이에요.
고락을 윤회하는 업식의 노예입니다.

참지도, 터뜨리지도 않는 것이 중도입니다.
고행도 아니고 쾌락도 아닌 제3의 길
붓다가 발견한 행복하고 자유로운 길입니다.

무의식적인 감정의 습관에서 자유로워지는 것,
그것이 해탈입니다.
더는 고뇌가 생기지 않는 것,
그것이 열반입니다.
사물을 보는 관점을 바꾸고
탁, 알아차려서 습관에 끌려가지 않는 삶,
행복해지는 연습,
그것이 수행입니다.

2.

네가 있으므로

내가 있고

오늘,
첫 만남입니다

우리의 삶은
오늘 이 순간,
이 조건에서는 한 번밖에 없습니다.

한 사람과 늘 같이 살아도
매일 매일 다른 사람을 만나고
다른 상황을 접하는 겁니다.

어젯밤에 같이 잔 남편과
오늘 아침에 본 남편은 다른 사람이에요.
직장에서 어제 만난 동료들과 오늘 본 동료들도
다른 사람들이에요.

현재에 깨어 있지 못하고
과거의 기억과 미래의 걱정에 싸여
매일 같은 사람과 살고
매일 같은 삶을 산다고 착각하는 겁니다.

삶은 늘, 매일, 매순간 새롭습니다.
이것만 명심하면
매일 같이 살아도 지겹지 않고
매일 반복되는 일이어도
지루하지 않습니다.

남을 고치려는 마음

사회생활을 하다 보면
매사 부딪치는 사람을 만날 때가 있죠.

그런데 잘 살펴보면
그는 자기 습관대로 살아갈 뿐
나를 괴롭히고 화나게 하려는 것은 아닙니다.
그런데 내가 그것을 내 식대로 받아들여
화를 내고 짜증을 냅니다.

'또 내 생각에 사로잡혔구나.
내 뜻대로 안 된다고 성을 내는구나' 하고 자꾸 돌이키면
짜증의 횟수도 적어지고 마음도 훨씬 편안해집니다.

내가 가진 습관도 잘 안 고쳐지는데
다른 사람의 습관을 고칠 수는 없습니다.
남이 안 고쳐진다고 화를 내면
결국 자기만 손해입니다.

부부간의 갈등

"부부간의 갈등을 어떻게 해결할까요."

내 생각대로 하고 싶으면 '안녕히 계세요' 하고 끝내면 되고
평화롭게 살려면 '당신이 옳아요' 하면 됩니다.
내 의견도 고집하면서 같이 살겠다고 하면
죽을 때까지 다투면서 살면 됩니다.
찌그럭거리는 게 인생이라는 것을 받아들이면 됩니다.

찌그럭거리며 살더라도
찌그럭거리지 않아야 한다는 생각을 내려놓으면
괴로움이 되지는 않아요.
잔소리하기도 하고 듣기도 하고
화내기도 하고 짜증을 받아주기도 하고
'인생이란 그런 거다. 그게 정상이다.'
이렇게 생각하면 아무 문제가 없습니다.
다투며 살고 싶지 않으면
'당신이 옳아요' 하고
내 고집을 내려놓으면 됩니다.

소통의 비결

소통이란 말을 잘하는 것이라고 생각하기 쉽지만
소통의 가장 큰 핵심은 들어주기입니다.

많은 사람을 만나고 생활하면서도 느껴지는 외로움은
내가 마음의 문을 닫고
세상과 상대를 받아들이지 않기 때문이에요.

할 말이 없다면 가만히 상대의 말을 들어주세요.
'저 사람의 생각은 저렇구나. 저 사람은 저런 마음이구나.'

소통은 상대가 내 말을 듣고 이해해주는 게 아니라
내가 상대의 말을 잘 듣고 이해해주는 겁니다.

친구가 변했어요

"마음 놓고 소주 한 잔 마실 친구가 없어요.
누구는 왠지 불편하고
또 누구는 자기주장이 강해서 머리가 아프고
이젠 오래된 친구도 예전만큼 편하지 않아요."

우리는 나이 들어가면서
이렇게 친구에게 서운함을 느낍니다.
내가 잘못 살아서 그런 걸까요?
아닙니다.
이것은 자연스러운 변화입니다.

어릴 때는 부모에게 의지하다
학창시절에는 친구에게 의지하고
이성에 눈뜨면 연애에 빠지고
사회에 나가면 직장 동료가 생기는 게 당연한데
예전 생각만 하고 그 변화에 서운해 한다면
내가 아직도 어린애처럼 생각한다는 걸 알아야 합니다.

자신도 친구들에 대한 우정이 변했으면서
원인을 친구에게 돌리니까
친구들이 점점 더 멀어지는 거예요.

먼저 친구와 함께 해야 한다는 생각을
내려놓아야 자유로워집니다.
같이 있으면 대화할 수 있어서 좋고
혼자 있으면 혼자 있어서 좋아야 해요.

'오는 사람 막지 말고
가는 사람 잡지 말라'는 말이 있습니다.
인간관계를 방치하라는 것이 아니라
주어진 인연을 받아들이라는 겁니다.
집착하지 않고 편안한 관계를 맺어야
새로운 인연도 만날 수 있습니다.

집착과 외면

어떤 것을 갖고 싶고, 유지하고 싶고,
꼭 자기 뜻대로 하려는 것을 집착이라고 합니다.

낚시를 하다 아무리 큰 물고기가 걸렸더라도
물에 빠져 죽을 정도가 되면 낚싯대를 놓아야 하는데
아까운 마음에 끝까지 낚싯대를 잡고 있는 게 집착입니다.
물속으로 끌려 들어가면서 살려 달라 아우성을 칩니다.
빨리 놓으라고 하면 죽어도 못 놓겠다,
이런 기회가 어디 있냐고 합니다.
집착에 이끌려 고통에 빠지는 겁니다.

내 뜻대로 하고 싶은데 안 되면
집어치워버리는 것을 외면이라 합니다.

고기가 안 잡힌다고 낚싯대를 집어던지는 것과 같아요.
내 뜻대로 안 되니까 던져버렸다가
며칠 후에 다시 낚싯대를 잡지요.

집착과 외면은 제 뜻대로 하려는 욕망의 다른 표현입니다.
상황에 따라 다르게 일어날 뿐
그 근원은 같은 감정입니다.
집착과 외면은 늘 반복되기 때문에
문제가 해결되지 않고 고통이 계속됩니다.
윤회하고 있지요.

부모님의 인생을
사셨으면 좋겠어요

"독립하고 싶은데 부모님이
너무 저를 위해 사셔서 부담스러워요."

부모가 자식에게 희생하는 이유는
자식을 위해서가 아니라 본인이 좋아서 하는 거예요.

성인이 되면 부모님이 뭐라고 하든
자기 인생은 자기가 알아서 살면 돼요.
부모가 뭘 하든 그건 그들의 인생이니
내가 간섭할 필요가 없습니다.
하고 안 하고는 내가 결정하면 됩니다.
부모님이 시키는 대로만 한다면
나는 평생 부모의 종이예요.

스무 살이 넘었으면
내 인생은 내가 책임져야 행복해집니다.

사람이
제일 어려워요

사람을 사귈 때
너무 망설이지도 말고 계산하지도 말고
일단 마음 가는 대로 해보세요.

좋다고 고백했는데 상대가 싫다고 하면
쿨하게 '알았다' 하고 물러나면 됩니다.
이것을 상대에게 고백했다가
거절당했다고 생각하면 상처를 받겠죠.

그것은 상대에게 선택의 기회를 주고
그 사람의 자유를 존중한 결과일 뿐이에요.
내가 커피를 좋아한다고 했는데
상대는 커피가 싫다고 한 것과 마찬가지죠.

언제 어디에서나
여러 사람을 만나며 인간관계를 쌓는 것에
두려움을 갖지 말고
사귀면서 관계 속에서 배워 나가세요.

실패해도 괜찮습니다.
살짝 아픔을 겪더라도
다시 앞으로 나아가면 됩니다.
사람을 두려워하지 마세요.

상대의 말투 때문에
상처받아요

직장에서 함께 일하는 동료 때문에 힘들다는 분이 있었습니다. 그 동료는 일을 굉장히 잘하고 인정받는 분인데, 말을 할 때는 툭툭 던지듯이 해서 꼭 지적받는 기분이 들어 상처가 심하다고 합니다.

여기 알이 토실토실하게 익은 밤송이가 있어요. 이 밤은 맛도 있지만 영양가도 높아서 누구든 먹고 싶어 합니다. 그런데 밤을 먹으려면 먼저 밤송이를 까야겠지요. 밤송이를 까려면 가시가 자꾸 손을 찌르게 돼요. 그러면 먹는 것을 포기하나요, 가시를 피해서 잘 까야 할까요?

밤 말고도 다른 먹을 것이 많으면 굳이 가시에 찔려가면서 밤을 까지 않아도 되고, 밤이 꼭 필요하면 가시에 찔리더라도 밤을 까야 합니다.

'밤이 얼마나 맛있는데 왜 가시가 있을까?' '가시가 없는 밤이

있으면 얼마나 좋을까?' 이런 생각은 밤을 까는 데 아무런 도움이 되지 않습니다.

 밤이 내 입맛에 딱 맞고 꼭 먹어야 한다면, 가시에 찔리지 않도록 조치를 취해야 하겠죠? 밤송이 탓을 하지 말고 가죽장갑을 끼고 밤을 깐다든지, 밤을 까는 쉬운 방법을 연구해야 합니다.

 그리고 가시가 있는 것은 좋은 것입니다. 가시가 없다면 다람쥐가 먼저 먹어버려서 남아있는 것이 없었겠죠? 이와 같이 그 동료는 가시가 있기 때문에 다른 사람들이 감당하지 못하는 것입니다.

 다시 그 동료와 일을 하다가 그의 말투 때문에 또 상처를 받으면 이렇게 생각해보면 어떨까요?

 '저 동료는 아주 맛있는 밤이다. 지금 나는 밤송이의 가시에 찔렸다고 움찔하지만 저 속에는 맛있는 밤이 들어있다.'

욕심을 버리는 법

"욕심을 어떻게 절제하나요?"

계산해서 손해다 싶으면 안 하면 되지요.

학생이 공부하면 이익일까요, 손해일까요?
계산해서 얻을 게 있으면 싫어도 하고
해봤자 별거 없으면 안 해도 문제없어요.
먹고 싶으면 실컷 먹고 살찌면 됩니다.
살찌기 싫으면 먹고 싶어도 안 먹어야지요.
돈을 빌렸으면 갚고, 갚기 싫으면 안 빌리면 돼요.

인생을 두고 이해타산을 따져보면
절제니 자제니 할 것이 없습니다.
내 인생에 나쁜 과보로 돌아올 줄을 알면
저절로 멈추게 됩니다.
손해나는 장사 안 하면 그뿐이죠.
자기에게 진정 이로운 일이 무엇인지를 생각해보세요.

삶은 습관이다

"결혼해서 35년간 남편을 먹여 살렸는데
내가 아프니 나몰라라 하네요."

강아지한테 10년간 밥을 주면
어느 날 강아지가 나에게 밥을 줄까요?
내가 계속 밥을 줘야 합니다.
마찬가지로 늘 받기만 하던
남편이 갑자기 날 돌보는 일은 없어요.

삶은 습관입니다.
가만히 있어도 아내가 벌어서 빚 갚아주면
좋다고 딴짓하지 고마운 줄 몰라요.
자식도 마찬가지입니다.
'인간이면 알겠지' 하지만 아니에요.

부모에게 감사하고, 아내에게 감사하는 것도
연습과 경험이 필요합니다.
안 해 본 사람은 시간과 돈이 있어도 할 줄 모릅니다.
죽을 때까지 기다려도 얻기는 어렵습니다.
여기서 기대를 버리세요.

도움을 받으려고 하지 말고
'이제 도와주지 않아도 되니 편안하구나.'
이렇게 탁 마음을 바꾸세요.

부모의 책임

부모의 책임은
아이를 스무 살까지 키우는 것입니다.

세 살까지는 사랑으로 따뜻이 보살펴주고
어린 시기에는 화목한 가정을 이루어 삶의 모범이 되고
사춘기에는 가만히 지켜봐 주고
스무 살이 넘어 성인이 되면
스스로 살아갈 수 있도록 냉정한 마음으로
지원도 간섭도 하지 말아야 합니다.
관계를 단절하라는 것이 아니라
독립된 인간으로, 성인으로 대하라는 것입니다.
어떤 판단과 결정도 너를 믿고 지지하겠다는 마음을
가지라는 것입니다.
자녀에게 결혼을 강요하거나
부모와 같은 삶을 살도록 강요해서는 안 됩니다.

경험을 이야기해주고 조언을 할 수는 있지만
선택은 스스로 하게 해야 합니다.
내가 살아본 결과가 좋았다고 해서
과정을 무시하고 결과만을 강요해서는 안 됩니다.

간섭이나 지원이 길어지면
그만큼 나의 짐은 무거워지고
자녀는 속박을 받고 의지심이 깊어져
서로 불행해진다는 것을 알아야 합니다.

남 탓할
필요 없다

우리는 모두 자기 나름대로
순간순간 최선의 선택을 합니다.
그런데도 결과가 나쁘면
항상 남의 탓으로 돌립니다.
남편 아내 부모 자식을 잘못 만나서 그렇다며
남을 고치려 듭니다.
그래도 해결되지 않으면
부처님, 하느님, 조상님을 탓합니다.
이래도 저래도 안 되면 사주팔자 탓을 합니다.

그런데 하나하나 따져보면
모든 것은 다 내 안에서 일어납니다.
똑같은 비가 와도 어떤 씨앗을 심었느냐에 따라
제각기 다른 싹이 트듯이
자기 내면에 그런 씨앗을 가지고 있었기 때문이에요.
시각을 밖으로 돌리지 말고
안으로 돌려 내면을 깊이 관찰해야 합니다.

불안은
어디에서 오는가

불안은 어디에서 오는가?
몸의 이상이 정신에 영향을 주기도 하지만
대개는 마음이 문제입니다.

병원에서 검사를 받을 때
큰 병에 걸린 것 아니냐며 미리 걱정을 하면
실제로 병에 걸리지 않아도 병에 걸린 것처럼
마음이 불안하고 초조해집니다.

불안은 미래에 대한 근심과 걱정에서 옵니다.
미래를 생각하지 말라는 것이 아니고
그 생각에 집착하지 말라는 것입니다.

미래에 집착하면
그 일이 일어날 것 같은 착각이 들면서 불안해집니다.
내일 일은 내일 생각한다는 마음으로
편안하게 생활해보세요.

이 정도면
괜찮다

"주변 사람들은 저마다 좋은 장점 하나씩 갖고 있는데
저만 별것 없다고 느껴져서 괴롭습니다."

달리기를 할 때 육상 선수와 비교하면
내가 그보다 못하지만
거북이와 비교하면 내가 더 낫습니다.
내 장점을 생각하고 스스로를 인정해야지
굳이 타인의 장점을 찾아내서 비교하는 것은
자기를 미워하는 어리석은 짓입니다.

이 세상에서 나는 오직 단 한 명뿐입니다.
귀한 자신을 남하고 비교하면서 괴롭히지 말고
'이 정도면 괜찮다'고 있는 그대로 인정해주세요.
나는 이 세상에 오직 하나뿐인 존재이며
지금 여기 살아있는 것만 해도
대견하고 자랑스럽고 소중한 존재입니다.

장님과 코끼리

　장님 몇이 코끼리의 생김새를 알고 싶어 손으로 코끼리를 만집니다.

　이때 한 사람은 코끼리의 다리를 만지고 코끼리가 기둥같이 생겼다고 말합니다. 다른 사람은 코끼리의 꼬리를 만지고는 밧줄같이 생겼다고 말합니다. 또 다른 사람은 코끼리의 등을 만져 보고는 언덕과 같다고 말합니다.

이런 것을 편견 또는 단견짧은 생각이라고 합니다. 한쪽 면만 보고 전체라고 착각하는 것입니다.

어떤 사물이나 현상을 볼 때 이쪽뿐 아니라 저쪽도 보고, 앞면만이 아니라 뒷면, 아랫면만 아니라 윗면도 같이 살피며 전체를 보는 것을 통찰력 혹은 지혜라고 합니다.

몸으로 부딪쳐라

젊은이들이 흔히 저지르기 쉬운 오류는
생각만 하다가 시간을 다 흘려보내는 거예요.
그래서 '생각하지 말고 행동부터 하라'고 합니다.
이리저리 도전하다 보면 때로는 틀릴 경우도 있는데
그러면 고치면 됩니다.

잘못하면 사과하고 모르면 남에게 물으면 됩니다.
이런 자세로 도전하고 고치고
실패하면 연구하고 또 도전하고
계속하다 보면 절망하거나 실망할 틈이 없어요.
계속되는 도전이 삶에 적극적인 자세를 길러줍니다.
그렇게 하다보면 저절로 지혜로워집니다.

지금 한순간 한순간이 내 인생입니다.
이것을 떠난 다른 내 인생은 없습니다.

자아실현

자아실현을 위해
무엇을 어떻게 해야 한다고 정해져 있지 않습니다.

혼자 사는 데 의미를 두면 혼자가 좋고
결혼하는 데 의미를 두면 결혼이 좋습니다.
직장에 다니고 승진을 해야 좋은 것도 아니고
높은 자리에 앉거나 돈을 많이 벌어야
자아가 실현되는 것도 아닙니다.
자신의 능력보다 과한 자리는 남이 볼 때 좋아 보일 수 있으나
직무에 대한 부담과 무게감으로 불행할 수도 있습니다.

자아실현이란
남에게 보여주기 위함도
무엇인가를 이룩해야 하는 것도 아닌
내가 의미를 가지고 살아가는 것입니다.

무심히
보라

우리는 상대에게 무언가를 말하거나 요구할 때
내가 원하는 어떤 대답을 듣겠다고 미리 정해놓고
그의 눈치를 봅니다.

원하는 대답이 나오지 않으면
성질을 내고 토라집니다.
남의 생각을 간섭하려 들어요.
간섭하려는 마음을 내려놓고
가볍게 이야기해 보세요.

꽃이 피는 것도 제 사정이고
지는 것도 제 사정입니다.
꽃이 피면 꽃을 보고
꽃이 지면 잎을 보면 되는 것처럼
무심히 보는 연습을 해보세요.

스펙보다
경험

아파본 사람이 의사가 되고
불이익을 당해 본 사람이 변호사가 된다면
환자나 의뢰인의 고충을 가장 잘 아는 사람이 되겠지요.
어려움 없이 좋은 대학 진학해서
원하는 직업 갖는 게 좋은 일만은 아닙니다.

사회에 나가 버팀목이 되는 힘은
좋은 성적이나 대학이 아니라
어려움을 겪어낸 경험입니다.

불편한 동료

"마음에 들지 않는 직장 동료 때문에 불편합니다."

그 사람을 계속 문제 삼으면
앞으로 직장생활하기 힘듭니다.
이 사람이 없어지면 다른 사람이 또 문제가 됩니다.
그러니 '저런 사람도 있구나' 하면서
편안하게 대해보세요.

음식을 먹을 때도
내가 좋아하는 음식과 싫어하는 음식이 있잖아요.
나는 좋아하지만 다른 사람은 싫어하는 음식도 있죠.

사람도 마찬가지입니다.
내가 싫어하는 사람을 다른 사람은 좋아할 수 있어요.
좋은 사람과 나쁜 사람이 따로 있지 않고
내가 좋아하고 내가 싫어하는 겁니다.

내 마음에 드는 사람만 사귀면
백 명 중에 열 명밖에 못 사귀지만
마음에 드는 사람 안 드는 사람 상관없이 두루 사귀면
백 명을 다 사귈 수 있습니다.

자기의 기호에 집착하면
그만큼 관계 범위가 제한됩니다.
마음의 문을 열어야 합니다.
상대를 있는 그대로 보면 내가 편안해집니다.

좋은 인연
나쁜 인연

콩이 모래밭에 떨어지면 싹을 틔우기 어렵지만
기름진 밭에 떨어지면 싹이 잘 틉니다.
그런데 기름진 밭을 더럽게 보고
깨끗한 모래밭을 좋게 보아
모래밭에 콩을 심으면 싹이 잘 안 나겠죠.

욕심으로 눈이 어두워지면
인연의 씨앗을 잘못 뿌릴 수 있습니다.
잘못된 인연은 짓지 않는 것이 가장 좋습니다.
그런데 주어진 땅이 모래밖에 없다면
거름을 주고 잘 가꾸어야 합니다.
그처럼 이미 맺어진 인연이라면
좋네 나쁘네 분별하지 말고
좋은 방향으로 잘 푸는 것이 좋습니다.

행복과 자유를 얻으려면
나쁜 인연이든 좋은 인연이든
좋은 방향으로 풀어야 합니다.

그런데 세상살이에서 보면
좋은 인연 나쁜 인연이 따로 있는 것 같지만
깨달음의 길에는
좋고 나쁜 인연이 따로 없습니다.
꿈에서 깨면
좋은 꿈 나쁜 꿈이 없듯이.

인간관계가
오래가지 못합니다

"인간관계가 오래가지 못합니다.
나이 들어 혼자될까 겁이 나요."

모든 관계가 오래가야 좋다고 할 수는 없어요.
어떤 관계는 짧은 게 좋고
어떤 관계는 오래가야 좋을 때가 있습니다.
불륜은 짧을수록 좋고 결혼은 길어야 좋겠지요.
길어야 좋은 관계가 자꾸 짧아지거나
짧아야 좋은 관계가 자꾸 길어지면 개선하면 됩니다.

모든 사람과 무조건 오래간다면
인간관계가 너무 복잡해지고
다양한 사람을 만날 수가 없습니다.
인간관계는 만나기도 하고 헤어지기도 하면서 오고 가야지
너무 꽉 묶여 있으면 자유를 잃습니다.

늙어서 외로울까 너무 걱정하지 마세요.
모든 인간은 혼자 왔다 혼자 갑니다.

1년은 견뎌라

"갓 취업한 사회 초년생입니다.
직장에 비합리적인 일들이 많아
스트레스가 큽니다."

인도에 제가 지원하는 봉사단체가 있는데
한국에서 봉사자가 처음 파견되면 말이 많아요.
인도 전체 사회를 고쳐주려는 양
게으르다, 비효율적이다 등등 온갖 이야기를 하죠.

그러다 인도의 무더운 여름을 한번 지나보면
왜 사람들이 낮잠을 자는지
왜 움직임이 느린지 이해가 되지요.
그래서 저는 인도에서 일하려거든
1년은 그저 묵묵히 견뎌보라고 말합니다.

마찬가지로 1년은 배우는 마음으로
임하는 게 좋겠습니다.
1년 뒤 마음이 좀 차분한 상태에서 봐도
회사를 위해 개선하면 좋겠다 싶을 때
문제제기를 해보세요.
부정 위에 비판의식을 가지면
파괴적인 에너지가 나오지만
긍정 위에 비판의식을 가지면
개선의 에너지가 나옵니다.

공부를 잘하고
싶어요

공부는 자기 필요에 의해서 해야
문리가 터지고 통찰력이 생깁니다.

내일 한다고 해놓고 내일도 안 하고
모레 한다고 해놓고 모레도 안 하는 공부는
그만두는 게 좋습니다.
억지로 공부해서 자격증을 따고 박사학위를 받을지는 몰라도
그런 공부는 억지로 했기 때문에
통찰력이 없고,
결국은 별로 쓸모가 없습니다.

자격증이 없고 학위가 없더라도
정말 자기 필요에 따라 공부하면 실효성이 있어서
현장에 나가면 강점이 드러나게 마련입니다.

남들 잘 때도 공부하고
옆에서 누가 말리면 숨어서라도 공부해야
집중력이 높고 학습효과도 빠르게 나타납니다.
해도 되고 안 해도 그만인 공부를 억지로 하기 때문에
몇 년을 해도 잘 안 되는 것입니다.

직장에서 밤새워 일하고 돌아왔어도
사랑하던 사람이 찾아오면
눈에 불을 켜고 뛰어나가듯
공부는 그렇게 해야 합니다.

인생의 무게

인생을 가벼운 마음으로 살아야 합니다.
요즘 사람들은
스스로를 너무 위대한 존재로 규정해서 힘들어해요.
자기가 기대하는 수준이 안 되기 때문에 위축되어 살죠.

산에 있는 다람쥐나 토끼와 같이
우리 인간들도 그냥 나고 죽습니다.
다람쥐도 토끼도 괴로워하지 않는데
인간은 괴롭다고 합니다.
얼마나 속박을 받으면
날아다니는 새를 부러워하겠어요.

자기의 아상我想에 지나치게 집착하거나
스스로를 지나치게 우월하게 여기기 때문에
현실의 자기를 부족하게 여겨
스스로 열등의식에 빠집니다.
삶을 단순하게 생각해야 합니다.
그래야 훨씬 행복해집니다.

세상은 내 뜻대로 되지 않습니다.
원하는 일이 있다면 두 번 세 번 해보고
그래도 안 되면 그만두고 다른 일을 하면 됩니다.
이렇게 가볍게 생각하면 행복하게 살 수 있습니다.

마음은 변하는 게
당연하다

아무리 좋아하는 사이라도
언젠가 상대가 나를 싫어하게 될 때가 있고
나도 상대가 싫어질 때가 있습니다.

마음은 변하는 게 사실입니다.
좋고 싫음에 따라 이랬다저랬다 하는 게
마음의 본질이기 때문에
마음이 변하지 않게 하는 것은
실제로는 어렵습니다.

행복으로 가는 길은
마음이 바뀌지 않는 게 아니라
마음이 바뀌는 줄 알고
그 변화에 구애받지 않는 것입니다.
좋다 하더라도 너무 들뜨지 말고
싫다 하더라도 너무 사로잡히지 않도록
꾸준히 연습해 보세요.

자기 마음의 움직임을
스스로 알아차리고 지켜본다면
마음의 끊임없는 출렁거림 속에서도
참으로 한결같은 삶이 찾아옵니다.

3.

항상 옳은 것이란

없다

본래 괴로울 일이
없어요

사람은 누구나 괴로움이 없는 삶을 원합니다.
그런데 우리는 늘 괴로워하면서
누군가 나를 괴롭힌다고 생각합니다.

꿈속에서 강도에게 쫓기는 사람이
사람 살리라고 아우성치면서
이 괴로움이 강도 때문에 생긴 거라고
착각하는 것과 같습니다.
강도한테 쫓기는 꿈이든, 호랑이한테 쫓기는 꿈이든
벼랑 끝에서 떨어지는 꿈이든
어떤 꿈을 꾸든지 꿈에서 깨어나면
아무 문제도 없습니다.

우리의 모든 괴로움은
깨닫기만 하면
악몽에서 깨어나는 것처럼
그냥 다 없어져 버려요.
사실은 괴로움이 없어지는 게 아니고
본래 괴로울 일이 없습니다.

허상과 실상

"허상과 실상을 구분하기 어렵습니다."

프리즘에 무색의 빛을 비추면
일곱 가지 색으로 보입니다.
우리의 감각과 생각도 자신만의 프리즘이 있어서
같은 사물을 봐도 사람마다 반응이 다 다릅니다.
이 프리즘이 업식이에요.

같은 빛을 보고도
어떤 사람은 빨갛다고 하고
어떤 사람은 노랗다고 합니다.
빛이 빨간색으로 보이는 사람은
빛은 원래 빨간색이라 생각합니다.
빛이 노란색으로 보이는 사람은
빛이 원래 노란색이라고 생각합니다.
두 사람 모두 허상을 보기 때문에
갈등이 생깁니다.

프리즘을 벗어나면 어떨까요?
'빛은 빨간 것도 아니고, 노란 것도 아니네' 하고
아는 거예요.
그러면 그냥 갈등이 없어져 버려요.

허상이란
'없는 것을 있다고 착각하는 것'이고
실상이란
'있는 것은 있다, 없는 것은 없다'고
사실대로 아는 것입니다.
허상과 실상이 따로 있는 것이 아닙니다.

능력을 인정받고
싶을 때

인생을 살 때 자기가 가진 능력이 100이라면
주위에 홍보할 때는 80 정도만 하세요.
이것이 인생을 편안하게 사는 길입니다.

내 능력이 100인데 80으로 알려져 있으면
나를 욕하는 사람이 별로 없습니다.
처음에는 그렇고 그런 사람으로 생각했는데
같이 일해 보니 생각했던 것보다 훨씬 능력 있고
괜찮은 사람으로 인정받아 주위에 사람이 몰립니다.
내가 가진 능력이 50인데 남에게 100으로 알려져 있으면
막상 같이 일을 했을 때 능력 부족으로 평가되어
다음부터는 계속 눈 밖에 나게 되지요.

승진할 기회가 있어도 양보하세요.
계속 맡아달라고 하면 겸손하게 받아들이면 됩니다.
"저를 그렇게 좋게 봐 주시니 최선을 다해 보겠습니다."
그래야 마음의 부담 없이
행복하고 가볍게 직장생활을 할 수 있습니다.

진정한 배려

"친구의 기분에 맞춰서
그래그래 하며 계속 공감해주니
친구가 잘못된 습관을 합리화하며
더 나쁜 길로 가는 것 같습니다.
진정한 배려는 무엇일까요?"

진정한 배려라는 건 없습니다.
들어주기도 하고 비판도 해보고
이것저것 해보며 방법을 찾아야 합니다.
약간 비판하는 것이 긍정적인지
오히려 상처가 더 심해져 부정적 결과가 나오는지 살펴보고
반응에 맞춰서 얘기해주면 됩니다.

이 사람한테는 효과적인데
다른 사람에게는 아닐 수도 있죠.
같은 사람이라도 이번에는 효과적인데
다음에는 아닐 수도 있습니다.
항상 낫는 약은 없어요.
그때그때 처방을 내어 치료율을 높여줄 뿐이지요.
친구에게 애정이 있다면
한번 부작용이 생겼다고 멈추지 말고
꾸준히 방법을 찾아가 보세요.

부모님께는 다만
감사할 뿐입니다

부모를 원망하는 사람이 많습니다.
가정형편이 나쁘다고, 나를 너무 야단쳤다고,
부모님이 이혼을 했다고 원망합니다.

부모를 미워하면 부모가 나쁜 사람이라는 얘기죠.
그런 나쁜 사람 밑에서 자란 나는 하찮은 사람이 됩니다.
그래서 자존감이 낮아집니다.
내가 원하는 만큼 받지 못해서 불만이 있을 수는 있지만
어떤 상황 속에서도
이만큼 키워주신 점을 생각해 보세요.
부모님께는 다만 감사할 뿐입니다.

우리가 세상에 태어난 것은
부모가 낳아주셨기 때문입니다.
이렇게 사는 것도
부모가 키워주셨기 때문입니다.
제대로 못 키웠어도
형편이 안 되어 그런 것이고
부모가 싸운 것도
서로 성질이 안 맞아서 그랬을 뿐
나와 관계있는 것이 아닙니다.
부모님께는 다만 감사할 따름입니다.

자존감을
회복하려면

자존감이 떨어지는 이유는
나의 존재가 다른 사람보다 못해서가 아니라
환상 속의 자신을 너무 높이 평가해서 그래요.

내가 바라는 나는
아나운서만큼 말도 잘해야 하고
가수만큼 노래도 잘해야 하고
모델만큼 몸매도 좋아야 하죠.
그러니 진짜 현실의 나를 보면 못마땅하고,
그게 더 심해지면 본인이 꼴 보기 싫어지면서
자신을 없애버리고 싶은 마음도 드는 거예요.

자존감을 회복하는 방법은
나의 능력을 키우는 게 아니라
환상 속의 나를 버리는 거예요.
그러고 보면 나는
지금 이대로도 충분히 괜찮아요.

내 인생의 황금기

지금이 내 인생의 황금기라고 생각하면
인생은 늘 행복합니다.

일제 강점기에 태어났기 때문에 독립운동을 할 수 있었고
가난한 나라에 태어났기 때문에 산업 역군이 될 수 있었고
독재시대에 태어났기 때문에 민주 투사가 될 수 있었어요.
날이 어둡기 때문에 촛불이 빛을 발하는 거예요.
우리나라가 분단되어 있기 때문에
지금 우리는
통일을 이룰 세대라는 자부심을 가지고 살 수 있습니다.

행복은 먼 곳에 있지 않습니다.
파랑새를 찾으러 온 들판을 다니다가 돌아온 주인공이
지쳐서 마루에 누워 위를 쳐다보니
파랑새가 바로 처마 아래에 있더라는 이야기가 있지요.
행복은 지금 여기에 있습니다.
내가 사는 오늘에,
오늘 나에게 주어진 과제에 있습니다.

깨달음에
걸리는 시간

한 노인이 부처님을 찾아와 하소연했습니다.
"저는 이제 너무 늙고 업도 두터워
수행해도 깨달을 수 없을 것 같습니다."

부처님이 노인에게 물었습니다.
"여기 수레에 섶이 가득 실려 있소.
이것을 다 태우려면 불을 몇 차나 쓰면 되겠소?"
"팥알만 한 불로도 금방 태울 수 있습니다."
순간 노인의 마음이 환하게 열렸어요.

아무리 업이 두텁고 죄가 많은 사람이라도
눈을 탁 뜨는 순간 깨달을 수 있습니다.
마치 잠에서 깨면
괴로운 악몽도 화려한 꿈도 모두 사라지는 것처럼.

욕망이라는
불덩이

사람들은 흔히 기도를 하면
바라는 것이 이루어진다고 생각합니다.

빨갛게 달구어진 쇠공이 예뻐서
덥석 잡았다고 합시다.
이 공이 뜨거운 줄 알고 탁 놓아버리면
모든 고통은 사라집니다.

쇠공에 집착하는 사람은
쇠공을 갖고 싶은 마음과
뜨겁지 않기를 바라는 마음을 동시에 갖고
다른 손으로 공을 옮겨 잡습니다.
하지만 이렇게 옮겨가는 건
근본적으로 괴로움을 해결하는 게 아닙니다.

우리의 욕망도 탁 놓아버릴 때
괴로움이 사라집니다.
진정한 기도는
욕망의 불덩이를 내려놓는 것입니다.

부모님이 싸우실 때

어릴 때는 부모의 싸움이 큰 충격이지만
자신도 커서 살아보면 부부가 갈등하는 게
일상이라는 걸 알게 됩니다.

그러니 부모님이 싸우든 때려 부수든
그것은 그들 부부 문제라고 생각하세요.
어릴 적엔 부모님 중 한쪽 말만 듣고
다른 한쪽을 미워하게 됩니다.
대부분 아버지를 미워하는데
아버지보다 어머니 말을 들을 기회가 많기 때문입니다.
그렇다고 어머니가 거짓말한 것이 아니라
답답하니 어린 자식에게 하소연한 것이지요.

지금 부모님이 싸우신다면 제일 좋은 방법은
그들의 삶에 끌려 들어가지 않는 거예요.
부모님은 각자의 방식대로 인생을 사는 거니까
괜히 끼어들어 부모님을 고치려고 하지 말고
그냥 그대로 내 인생을 사는 게 좋습니다.

긍정적으로
보는 연습

사물을 긍정적으로 보면
마음이 가볍고 편안해지고
몸과 마음에서
생기가 솟아납니다.

반대로 사물을 부정적으로 보면
마음이 처지고 생기가 없습니다.
이제부터라도 사물을 긍정적으로 보는 연습을
자꾸 해보세요.

아침에는 '오늘도 살아있어 감사합니다.'
이렇게 긍정적인 기도를 드리고
친구에게, 부모님께, 동료에게, 아내나 남편에게
감사하는 마음을 표현해보세요.
나는 언제나 행복하게 살 권리가 있습니다.

갠지스강의
물고기

어느 날 젊은 수행자가 부처님께 물었습니다.

"부처님, 저 성스러운 갠지스강에서 목욕을 하면 아무리 많은 죄를 지은 사람도 몸의 때가 씻어지듯이 죄업이 다 녹아서 하늘나라에 태어날 수 있다고 합니다. 그것이 사실입니까?"

그러자 부처님께서는 빙긋이 웃으면서 "만약에 그들의 말이 맞다면 갠지스강에 사는 물고기들이 가장 먼저 하늘나라에 이르겠구나!"라고 말씀하셨습니다.

그 순간 젊은 수행자는 모든 의심이 순식간에 사라지고 마음이 확연히 밝아졌습니다.
"알았습니다, 부처님.
알았습니다, 부처님.
잘 알았습니다, 부처님!"

나의 기쁨은
누군가의 희생

대부분의 사람들은 재물이든 권력이든 명예든 인기든
남보다 더 많이 소유해야
인생을 성공적으로 산다고 여깁니다.
문제는 더 많은 소유가 상대적인 개념이라는 거예요.
남보다 많이 소유하려면
누군가는 나보다 적게 소유해야 합니다.

결국 우리가 추구하는 성공은 본질적으로
남의 고통 위에 있다고 할 수 있어요.
만약 지금 내 주변에 굶주리거나 고통 받는 사람이 있는데도
내가 남들보다 권력과 재물,
명예와 인기를 가졌다고 기뻐한다면
그 기쁨은 그들의 희생으로 얻어진 것입니다.

내가 일하지 않고 편히 산다면
나보다 힘들게 일하면서도 어렵게 살아가는 사람들이
있기 때문임을 알아야 합니다.

남들 앞에 서는 게
두려워요

자기 방어벽이 없는 사람은
'노래해 보세요' 하면
'예' 하고 아무 노래나 부릅니다.

자기 방어벽이 있는 사람은
노래를 잘 못 부른다며 뒤로 빼다가
마지못해 부릅니다.
그것은 나는 잘해야 한다고 생각하기 때문이고
나는 특별한 존재라고 생각하기 때문입니다.

내가 길가에 자라는 한 포기 풀과 같음을 알고
살아야 합니다.
그들이 나를 어떻게 보든 그건 그들의 생각이고
나는 그냥 가볍게, 재밌게 살아갑니다.
나를 특별히 규정짓지 않으면
언제 어디서 어떤 사람을 만나도
불편 없이 어우러져 살아갈 수 있습니다.

일과 재미

사람이 기쁨을 얻는 데는 두 종류가 있습니다.
하나는 자기가 원하는 일을 할 때이고
또 하나는 남에게 뭔가 도움을 줄 때입니다.

재미만을 인생의 즐거움으로 삼으면
나중에 후회나 공허감 같은 것이 생깁니다.
반대로 삶의 의미만 찾으면
삶이 힘들어지고 스트레스가 많아 지치기 쉽습니다.
그런데 이 두 가지가 어우러질 때가 있습니다.
바로 남에게 도움이 되는 일이
곧 자기에게도 도움이 되는 줄을 알 때입니다.

남을 돕는 일이 재미있다면
일이 곧 놀이이기 때문에
일한다고 스트레스를 받지 않습니다.
스트레스를 받지 않으면 스트레스 푼다고
애쓸 필요도 없어집니다.

갈등은
왜 생기나

인간관계에서 갈등과 분쟁이 일어나는 이유는
서로의 다름을 인정하지 않고
자기 식대로 하려 하기 때문입니다.

부부관계를 보면 내 남편, 내 아내라는 울타리를 쳐놓고
상대가 그 울타리 안에만 있기를 바라니
갈등은 필연적일 수밖에 없습니다.

나와 다름을 인정하고
서로를 자유인으로 존중하고 예의를 갖추면
갈등이 일어날 이유가 없어집니다.

상대에게 너무 의지하면
원망하는 마음이나 질투심이 일어나고
나의 삶이 상대에게 속박을 받게 됩니다.
남에게 의지하지 않는 주체적인 사람은
질투하거나 원망하지 않습니다.

나는 행복할 권리가 있다

우리는 어떤 상황에서도 행복할 권리가 있습니다.
그런데 우리는 늘 자기가 원하는 대로 되지 않는다는
그 생각에 집착하며 괴로워합니다.

우리가 행복해지려면
첫째, 어떤 상황에서도 행복할 수 있음을 알고
그 길을 가겠다는 자세가 필요합니다.
모두가 행복해질 수 있지만
스스로 권리를 포기하는 사람은 어쩔 수가 없습니다.

둘째, 지금까지 살아온
잘못된 삶의 태도와 자세를 바꿔야 합니다.
마치 담배가 나쁘다는 것을 알아도 잘 안 끊어지는 것처럼
삶은 관성에 따라가기 쉽기 때문입니다.
그래서 부단한 연습이 필요합니다.
이것을 수행 정진이라고 합니다.

자꾸 넘어지고 자빠져도 다시 일어서는 연습이 필요합니다.
주어진 조건이 아무리 힘들어도
그 상황에서 행복할 권리를 행사해야 합니다.

선택장애로
괴롭다면

어떤 일을 두고
이럴까 저럴까 오랫동안 망설인다면
어느 쪽으로 결론을 내도 괜찮습니다.
밤잠을 안 자고 고민해도
쉽게 결론이 안 난다는 것은
어느 쪽으로 결정해도
이익과 손실이 비슷하기 때문에
그렇게 오래 고민할 가치가 없다는 거예요.

오랫동안 고민한다고
좋은 결론이 나오는 것도 아니고
지금 당장 결정한다고
나쁜 결론이 나오는 것도 아닙니다.
우리가 계속 망설이는 것은
손해는 보지 않고 이익만 얻으려는
욕심 때문일 수도 있어요.
어떤 선택을 해도
이익과 손실은 함께 있습니다.

어떤 선택을 하느냐가 중요한 것이 아니고
어떤 선택이든 할 때는 그에 따른 책임을 져야 합니다.
책임지기 싫어서 망설여집니다.

취향은 괜찮지만,
차별은 안 돼요

키가 큰 사람이 좋다
눈이 큰 사람이 좋다는 것은
개인 취향이니까 잘못된 것은 아니에요.

그러나 피부색이 다르다고, 성별이 다르다고,
신체장애가 있다는 이유로 차별하면 안 돼요.
어미 개가 강아지들을
털 빛깔이 다르다고, 성별이 다르다고 차별하지 않아요.
다들 똑같이 젖 먹여가며 키우지요.

차별은 동물들도 하지 않는 일이에요.
이미 차별하는 습관이 들었다면
올바른 게 아님을 알아
멈추어야 합니다.

착한 척하느라
괴로워요

"성격이 우유부단해서
남의 요청을 받으면 싫어도 말을 못하고
나중에 애꿎은 가족에게 화풀이를 합니다."

거절을 못하는 것은 착하거나 우유부단해서 그런 게 아니라
욕심 때문에 그래요.
남에게 좋은 사람, 착한 사람이라는 칭찬을 듣고 싶어서
거절을 못하는 거예요.
화장을 하듯 자기 성질을 커버해서
남에게 잘 보이고 싶어 하는 마음이죠.
이런 허욕 때문에 본인도 피곤하고
가족에게도 스트레스가 됩니다.

내가 원하는 것을 다 이룰 수 없듯이
남이 원하는 것을 내가 다 해줄 수도 없어요.
내가 못하는 건 못한다고 말할 줄 알아야 해요.
할 수 있는 건 기꺼이 해주되
할 수 없는 것은 할 수 없다고 말해야 합니다.

화단에 핀 꽃

식물원에 갔는데
마음에 안 드는 꽃이 하나 있어요.
우리 집 화단이면 뽑아버려도 상관없지만
남의 집 화단이라면 뽑을 수가 없지요.
그럴 때는 내 생각을 내려놓아야 합니다.

직장에서도 마찬가지입니다.
여러 가지 면에서 괜찮은 직장인데
나와 맞지 않는 상사나 동료를 만나면
괴로움이 일어납니다.
이 괴로움은 나의 감정에 사로잡혀 생긴 것입니다.
좋아하고 싫어하는 감정이 일어나는 것은 어쩔 수 없지만
굳이 그 감정에 얽매이지 말아야 합니다.

나와 맞지 않는 동료와 친하게 사귈 필요도 없고
굳이 회피할 필요도 없습니다.
남의 집 화단에 있는 꽃을 보는 것처럼
그 사람을 인정하면 됩니다.

특별한 날을 쫓는
당신

"하루하루 딱히 힘들지도 않지만
행복하지도 않아요.
후회하지 않을 무언가를 해야 할 것 같아서
조바심이 납니다."

어쩌면 우리 대부분이 이런 삶을 살아가는지도 모릅니다.
지금은 평범하지만 언젠가는 성공해서 특별한 존재가 되고
특별한 날이 오기를 기대하죠.
하지만 특별한 존재, 특별한 날들은 없습니다.

오늘 살아있음에 감사하고
일할 곳이 있음에 감사하고
지금의 나에게 만족하면
지금 내가 특별한 존재가 되고
오늘이 특별한 날이 됩니다.
특별해야 한다는 생각을 할수록
인생은 괴로워집니다.

특별한 날이 따로 없다는 것을 알면
비로소 특별한 날을 만나게 됩니다.

세상을 굴리는 자

우리는 세상에 굴림을 당하며 삽니다.
늘 남을 쳐다보고 남이 어떻게 하는지
그것에 따라서 정신없이 살아가기 바쁩니다.

세상의 잣대가 어떻든 세상이 어떻게 흐르든
그 세상을 꿰뚫어보는 통찰력을 가져야 합니다.
남들이 전부 자동차를 산다고
나 역시 따라 사는 것은 옳지 않습니다.
'집이 가까우니 걸어 다니면 건강에도 좋고,
에너지도 절약하고, 돈도 절약하고,
나는 차 없이도 살 수 있어.'
이렇게 자기만의 관점을 세우고 실천하는 겁니다.

우리 인생은 어떤 것이 좋고, 어떤 것이 나쁘다는
절대 가치가 있지 않습니다.
세상에 굴림을 당하지 말고
스스로 세상을 굴리며 살아가세요.

마음의 면역력을
키우는 법

우리 몸에는 많은 세균이 있지만
그것들이 우리 몸에 해가 되는 것만은 아닙니다.
하지만 몸이 약해지고 면역력이 떨어지면
그 세균들이 병을 일으킵니다.

마음의 병인 괴로움도 그와 같습니다.
공부를 안 하는 아이, 마음에 안 드는 배우자,
직장에서의 어려움.
이런저런 일이 일어나도 내가 마음관리를 잘하면
괴로움은 일어나지 않습니다.

그러나 내 마음이 약해지고 힘들 때는
사소한 일에도 괴로움이 심해집니다.
건강하면 병균이 있어도 병에 걸리지 않는 것처럼
마음의 병인 괴로움도 근본적으로 치료하려면
괴로움의 원인을 알고 그 원인을 소멸시켜야 합니다.

마음의 병은 밖에서 온 것이 아니라
내 마음이 어리석어 생겨난 것입니다.
이것을 깨우치면
그 어떤 것도 괴로워할 만한 것은 본래 없는
이치를 알게 됩니다.

4.

꽃처럼

예쁘다

오늘도
살아 있네

아침에 눈 뜰 때마다 이렇게 말해보면
기분이 아주 좋아요.
'아, 오늘도 살아 있네.'

살아있는 것만으로도 기뻐하면
다른 건 별로 중요하지 않아요.
병이 나면 '건강만 하면 참 좋겠다'
눈을 다치면 '눈만 보여도 좋겠다'
두 다리를 못 쓰게 되면
'걷기만 해도 좋겠다' 하죠.

이렇게 행복은 지천에 깔려 있어요.
그런데 그걸 다 내팽개치고
욕심에 눈이 어두워서
다른 데서 행복을 찾아다닙니다.
그러다 죽을 때까지
행복하지 못할 수가 있어요.
그러니 지금 행복하세요.

대가를 바라지
않는 삶

스스로 적게 쓰는 것은 검소함이라고 하고
타의로 적게 쓰는 것은 가난이라고 합니다.
자기 스스로 낮추면 겸손이라고 하며
타의로 자기를 낮추면 비굴하다고 합니다.
스스로 남에게 재물을 주면 기부했다고 하고
강요에 의해 주면 강탈당했다고 합니다.

모양은 똑같지만
자발성에 기초할 때 그 결과는 정반대입니다.
자발적으로 자신을 낮추고
대가를 바라지 않는 삶이
행복한 삶입니다.

남의 말에
흔들리지 말라

내 존재를 제대로 알면
칭찬에 우쭐댈 일도 없고
비난에 위축될 일도 없습니다.
칭찬이나 비난이 상대의 감정 표현일 뿐임을 알면
내가 그 말에 구애받지 않게 됩니다.

같은 꽃을 보고서도
어떤 사람은 예쁘다고 하고
어떤 사람은 아니라고 말합니다.

말없이 피어 있는 꽃을 보고서도
서로 다른 감정 표현을 하는데
각자 자기 생각과 감정으로 하는 말에
내가 흔들릴 이유가 없지요.
수행자는 어떤 칭찬이나 비난에도 걸림 없는
자유로운 삶을 살아갑니다.

어떤 선택

우리 안에는 선과 악이 모두 있습니다.
사람이 다른 동물보다 나은 점이 있는 반면,
못한 점도 있다는 걸 아나요.
짐승은 배불리 먹고 나면
다른 짐승이 와서 남은 음식을 먹어도
별로 신경 쓰지 않아요.

인간은 먹고 남은 것을 창고에 쌓아놓고도
굶주리고 있는 옆 사람에게 먹을 것을 주지 않습니다.
짐승은 털 색깔이 노랗고 검다고 차별하지 않지만
인간은 피부색에 따라 차별하기도 해요.

짐승은 자기 배가 고플 때 다른 짐승이 오면
너 먼저 먹으라고 양보하지 않지만
사람은 그렇게 배려하기도 해요.
무엇보다 인간은 자신의 행동을 바꿔갈 수 있어요.
악은 짐승도 안 하는 것이니 멈추어야 하고
선은 하면 좋은 선택 사항입니다.
자연 생태계보다도 못한 행위를 악이라 하고
악행은 곧 멈추어야 합니다.
자연 생태계보다 나은 행위를 선이라 하고
선행은 권장할 일입니다.

나는 지금 어떤 선택을 하고 있나요.

실패해도
괜찮아요

"실패를 두려워하지 말라고 했는데
저는 수많은 실패를 거듭했습니다."

실패는 좋은 공부거리입니다.
시험에서 답이 틀려야
연구해서 바른 답을 찾을 수 있고
그런 과정에서 실력이 느는 것입니다.

우리는 지금 실패하면서 시행착오를 거듭하고 있고
실패 속에서 새로운 길을 찾으며 도전을 반복합니다.
그래서 어제까지는 연습이었고,
오늘만 실전이에요.
내일은 또 새로운 실전이고
오늘까지는 연습이 되겠죠.

실패해도 괜찮아요.
틀리면 다시 하면 될 뿐이고,
모르면 물어보면 그만이에요.
이렇게 쌓이고 쌓이는 연습이
내 능력을 향상시킵니다.

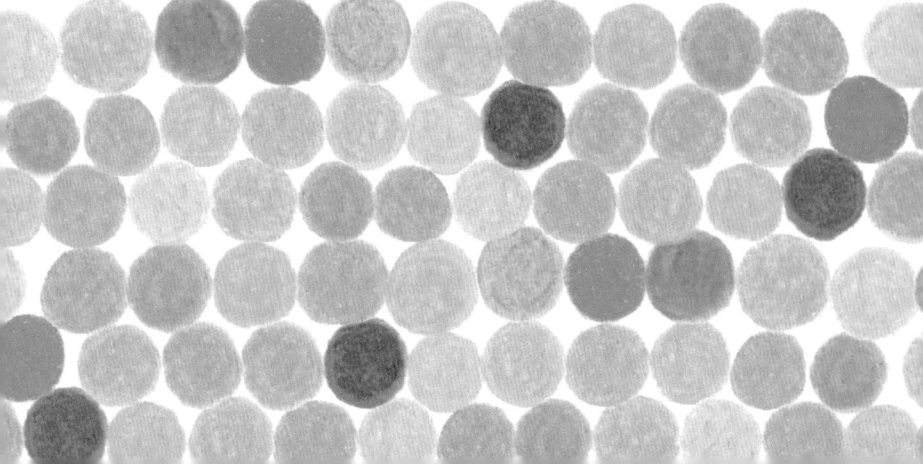

착한 사람이
무서운 이유

우리는 항상 허상 속에 살고 있습니다.
남에게 착하다는 소리를 듣는 사람일수록
자기가 옳다는 생각이 강해서
자기 생각을 잘 돌이키지 못합니다.

원래 성격이 강해서
남의 비난을 종종 듣는 사람은
자기가 잘났다고 고함치면서도
속으론 자기가 문제라는 걸 알아요.

그런데 항상 착하다는 말을 듣는 사람은
자기가 언제나 진실하다고 믿습니다.
그래서 어떤 한 생각에 빠지면
다른 사람 말이 귀에 들어오지 않습니다.

그러나 착하고 어리석은 사람은
본의 아니게 세상을 어지럽힐 수 있으니
경계하라는 뜻입니다.

인도에서
만난 여인

 1991년, 인도에 성지순례를 처음 갔을 때 일입니다. 첫날 저녁을 캘커타의 1달러짜리 게스트하우스에서 머물게 되었어요. 인도의 수돗물은 먹으면 안 된다고 해서 짐을 정리하고 물을 사러 나갔는데 어떤 인도 여인이 자꾸 제 옷을 잡아당기는 거예요. 1루피를 줬는데도 안 받고 잡아당기며 품에 안고 있는 주먹 만한 아기의 입과 배를 가리키는 거예요. '아기가 배가 고프다는 얘기구나' 하고 알아들었죠.
 그래서 따라갔더니 길거리의 조그만 구멍가게 안에 있는 분유통을 가리켜요. 제가 주인에게 얼마냐고 물어보니까 60루피래요.
 60루피라고 하니까 너무 놀라서 뿌리치고 돌아왔습니다. 제가 인도에 갈 때, 인도 사람들이 돈을 달라고 하면 1루피 이상 주지 말라고 단단히 교육을 받았거든요. 그래서 그런지 60루피를 달라고 하는데 그때 제 느낌은 전 재산을 다 내놓으라는 소리처럼 들렸어요.

  그런데 뿌리치고 왔어도 계속 마음에 걸리는 거예요. 애가 배고프다는데 그걸 안 사주고 온 게 마음에 걸려서, 숙소에 와서 60루피가 한국 돈으로 얼마인지 알아보니 2400원이라는 거예요. 그때 제가 어안이 꽉 막혔어요.

  엄마가 배고픈 아이에게 먹이려고 2400원 짜리 분유 한 통을 사달라는데, 저는 그것을 외면했으니 말입니다. 다시 돈을 가지고 그 골목으로 나갔지만 아기 엄마는 찾을 수가 없었어요. 그런 제 모습을 보고 너무 자괴감이 들어 깊은 참회를 했습니다. 앞으로 배고픈 아이를 위해 그 돈의 천 배, 만 배로 갚으리라 다짐했습니다. 이 일이 계기가 되어 인도에 수자타아카데미를 세우고 지원활동을 시작하여 지금까지 이어오고 있습니다.

지난 상처로
괴로운가요

상처받을 일이 아닌데 상처로 기억하거나
이미 지난 일인데 붙잡고 놓지 못해
괴로워하는 경우가 많습니다.
이것은 오래된 비디오를 계속 틀어서 보는 것과 같습니다.

지금 주어진 조건은 아무 문제가 없습니다.
세상에 나를 괴롭히는 사람, 고통에 빠뜨리는 사람,
불안하게 하는 사람은 따로 없습니다.
문제가 있다면 머릿속에서
과거의 기억을 계속 되살리는 것입니다.
이것을 자각하고 멈추는 데서 상처가 치유되기 시작합니다.

첫째, 화면을 꺼야 합니다.
기억을 지우는 데는 시간이 많이 걸리니까
우선 화면을 꺼야 합니다.
바깥에서 산책도 하고 재밌는 영화도 보세요.

둘째, 비디오가 돌아가더라도 평정심을 유지해야 합니다.
조용한 상태로 앉아서 눈을 감고 마음을 코끝에 집중해서
숨이 들어오고 나가는 것을 알아차려 보세요.
머릿속에서 비디오가 계속 돌아가더라도
다시 마음을 코끝에 집중해야 합니다.

셋째, 과거를 긍정적으로 봅니다.
비디오 내용을 바꾸는 거지요.
그렇게 긍정적으로 생각하다 보면
비디오의 내용이 조금씩 약해지고
그 생각을 해도 별문제가 안돼요.

마지막으로 아침에 눈을 딱 뜨자마자
'오늘도 살았네' 하고 감사기도를 하면
굉장히 도움이 됩니다.
'살았다' 하는 마음은 좋은 에너지를 불러일으킵니다.

사람은 누구나 다 행복할 수 있습니다.
살아 있는 지금
숨이 들어오고 나가는 이 순간만이 현재입니다.
현재에 집중하면 괴로움은 사라집니다.

겸손하고
당당하게

교만하지 말고 겸손하라.
비굴하지 말고 당당하라.

우리는 겸손하라고 하면 비굴하기 쉽고
당당하라고 하면 교만하기 쉬운데
잘 살펴보면 교만과 비굴이 한 쌍을 이루고
겸손한 것과 당당한 것이 한 쌍을 이룹니다.

남보다 돈도 많고 지위가 높다고 교만한 사람은
자기보다 더 돈이 많고 지위가 높은 사람에겐 비굴해집니다.
상대를 존중하고 본인의 삶이 떳떳하고 당당한 사람은
언제 어떤 상황에서도 겸손해집니다.

한평생 죽도록
일만 하다 갈래요?

설악산에 올라갈 때
군복 입고 총 메고 올라가면 훈련이라 힘들지만
등산복 입고 배낭 매고 올라가면 즐겁습니다.
다리 아프게 올라가는 건 똑같은데
어떻게 생각하느냐에 따라서 다른 거예요.
일하러 다닌다고 생각하면 중노동이 되고
놀러 다닌다고 생각하면 즐거운 놀이가 되는 거죠.

무대 위에서 춤을 추는 사람은 일한다고 힘이 들고
무대 아래에서 추는 사람은 논다고 신이 나요.
춤추는 시간을 한 시간 연장하면
무대 위에 있는 사람들은 힘들다고 괴로워하고
무대 아래에 있는 사람들은 좋다고 환호하죠.
똑같이 춤을 추는데 왜 이렇게 다를까요.
차이는 한쪽은 돈을 받고
다른 한쪽은 돈을 준다는 것밖에 없어요.

돈을 받는 사람은 춤의 목적이 돈이에요.
돈 때문에 춤을 추니까 힘이 들죠.
하지만 돈을 내는 사람은 목적이 춤이에요.
춤추는 것이 목적이기 때문에 재미가 있습니다.

일을 할 때도 이렇게 노는 것처럼 해야 해요.
돈 때문이 아니라 일을 놀이삼아 해봅니다.
밥할 때는 요리하며 놀고
회사에 출근해서는 서류 만지고 회의하면서 노는 거예요.
어차피 한세상 살다 가는 것인데
죽도록 일만 하다 가지 말고
실컷 놀다 가면 어떨까요.

인간은 본래
이기적이다

인간은 원래 매정하고 이기적인 존재입니다.
말로는 친구고 부부라고 하지만 잘 들여다보면
우리의 마음에는 기본적으로 이기심이 있습니다.

친구에게 돈을 빌려주고 못 받으면
어떻게 친구가 그럴 수 있냐며 친구를 욕합니다.
하지만 돈을 안 갚은 친구도 잘못이지만
돈 좀 잃었다고 친구를 욕하는 나도
친구라고 할 수가 없습니다.

선을 보고 결혼을 할 때
나는 못 났어도 상대는 인물 좋고 재산 많고
능력 있는 사람을 고르려 합니다.
이것이야말로 이기주의의 극치지만
말로는 사랑이라고 합니다.
그것이 나쁘다는 게 아닙니다.
그런 본질을 꿰뚫어 보고 인정할 때
비로소 관계를 제대로 맺을 수 있습니다.

나의 모습을 바로 봐야 상대도 바로 볼 수 있습니다.
내가 이기적이라는 것을 인정할 때
남의 이기심을 인정할 수 있습니다.

욕구는
장작불과 같다

사람들은 욕구가 만족되면 행복하다고 느끼고
욕구가 만족되지 못하면 불행하다고 느낍니다.
행복과 불행은 모두 욕구로부터 파생됩니다.
먹고 싶은 욕구, 입고 싶은 욕구,
가지고 싶은 욕구, 이기고 싶은 욕구,
욕구는 수도 없이 많습니다.

욕구는 마치 장작불과 같습니다.
장작불은 타면서 더 많은 장작을 필요로 합니다.
장작을 집어넣으면 불이 더 커지고
불이 커지면 장작을 더 필요로 하죠.
우리 욕구도 만족되면 그것으로 끝나지 않고
욕구가 점점 커집니다.
그것이 욕구의 성질입니다.
욕구를 채워서 얻은 행복은
금세 더 큰 욕구로 이어집니다.

진정한 행복은
욕구를 충족시키는 것이 아니라
욕구에 얽매이지 않는 것입니다.

있는 그대로의 나

자신을 세밀하게 관찰하면
'내 의식 밑바닥이 이런 상태구나' 알게 됩니다.
내가 막연히 생각해 왔던 나와
실제로 말하고 행동하는, 남이 보는 나의 차이가
크다는 걸 발견합니다.

자기가 쓸데없는 걸 고집한다고 생각하는 사람은
아무도 없습니다.
자기 입장에서 그게 옳으니까 옳다고 말하는 겁니다.
자기가 색깔 있는 안경을 끼고 있다는 걸
자신은 모르기 때문입니다.

하지만 한 번이라도 안경을 벗어 본 사람은
비록 빨갛게 보이더라도 그것이 안경 색깔 때문임을 압니다.
지금 우리는 내가 생각하는 나,
내가 생각하는 상대의 모습을
실제라고 착각하며 삽니다.

그 상을 버리고
있는 그대로의 나,
있는 그대로의 상대를 봐야 합니다.
자기가 부족해서 남 보기 부끄럽다는 건
아직도 허상에 사로잡혀 있는 것입니다.
잘난 체하고 짜증내는 자기마저도 받아들이고
용서하고 사랑해야 합니다.

외로운가요?

외로움은 내 옆에 아무도 없어서 생기는 게 아니라
마음의 문을 닫았기 때문에 일어납니다.
마음의 문을 닫으면
수많은 사람과 함께 있어도 외로워져요.

반대로 마음의 문을 활짝 열면
깊은 산속에 혼자 살아도 외롭지 않아요.
풀벌레도 친구가 되고
밤하늘의 별도 친구가 되니까요.

외롭다는 것은
대낮에 눈을 감고 어둡다고 불 켜라고 외치는 것과 같아요.
눈만 뜨면 본래 밝듯이
마음의 문만 열면 혼자 있어도 외롭지 않습니다.
그걸 알면 외롭다고 사람을 찾아다닐 필요가 없어요.

외로우신가요?
마음의 문을 활짝 열면 온 세상 모두가 내 친구입니다.

열등감과
우월감

잘나고 싶은데
뜻대로 안 되면 열등감에 사로잡히고,
잘났다는 생각에 빠지면 우월감에 사로잡힙니다.

우월의식과 열등의식은 어떤 것에 집착할 때 생깁니다.
돈에 집착하면 돈 문제에서
외모에 집착하면 외모에서
이런 의식이 생겨납니다.

자만함은 나는 잘났다는 생각에서
열등감은 나는 못 났다는 생각에서 온다고 하지만
열등감은 잘나고 싶은 데서 일어나는 감정입니다.

잘 생긴 사람들이 오히려 얼굴에 열등감이 많습니다.
왜 그럴까요.
다 잘났는데 눈 하나 코 하나가 마음에 들지 않기 때문입니다.
열등감은 못나서 생기는 게 아니라
더 잘나고 싶은 마음에서 옵니다.

이 세상에는 열등한 존재도 우월한 존재도 없습니다.
존재는 그냥 서로 다를 뿐,
모든 존재는 그대로 온전합니다.

죽음이
두려워요

태어나고 죽는 것은 하나의 현상일 뿐이에요.
파도를 보세요.
일었다 사라지고 일었다 사라져요.

파도가 일어나고 사라지는 현상 하나하나에 집착하면
그것이 마치 생겨나고 없어지는 것처럼 보이지만
바다 전체로 볼 때는 생겨나지도 않고 없어지지도 않고
그냥 출렁일 뿐입니다.

우리가 태어나고 죽는 것은 생명을 이루는 요소들이
인연에 따라 모이고 흩어지는 것입니다.
그러니 태어난다고 기뻐할 일도 아니고
죽는다고 슬퍼할 일도 아니에요.
인연 따라 일어나고 인연 따라 사라지는 파도를 바라보듯
삶과 죽음도 하나의 현상으로 있는 그대로 응시할 때
죽음에 대한 두려움이 사라집니다.

온전한 나를
만나는 길

"실수에 대한 두려움이 많고
남의 눈을 너무 의식합니다."

컵은 물병보다는 작고 손목시계보다는 커요.
하지만 이 컵은 실제로 크지도 작지도 않아요.
그냥 컵일 뿐이죠.
물병 옆에 있다 보니 작게 보일 뿐이에요.
내게 작게 보인다고 작다고 하는 것을
'상'을 짓는다고 합니다.
'상'을 짓는 것은 인식상의 오류입니다.

실제의 컵은 큰 것도 아니고 작은 것도 아닌,
다만 그것일 뿐입니다.
컵은 그 자체로 완전무결한 거예요.
'나는 온전한 존재다.'
이렇게 나를 직시하면
온전한 나를 만날 수 있어요.
남의 눈치를 볼 필요가 없지요.

감정 조절이
잘 안돼요

"사소한 일에 울고 화를 참지 못하며
감정 조절이 잘 안 됩니다."

성질이 나는 대로 두는 것은 욕구를 따르는 것입니다.
그런데 감정을 조절한다는 것은
욕구를 따라가지 않고 참는 것인데
참는 것은 한계가 있기 때문에 언젠가는 터집니다.

흐르는 물도 막았다가 터지면 물살이 센 것처럼
참았다 터지니까 감정 표현이 무척 거세져요.
그러니 감정이 일어날 때, 화가 일어날 때
다만 그것이 일어나는 줄만 알아차려도
감정에 휩쓸리지 않습니다.

휩쓸렸다는 것은 이미 놓쳤다는 것이고
놓쳤다는 것은 알아차림이 없는 무지의 상태입니다.
감정이 일어나면 좋다 나쁘다 판단하지 말고
'이렇게 일어나는구나.
이렇게 점점 커져서 마침내 터지는구나.'
파도가 밀려오고 밀려가는 걸 구경하듯이 지켜봅니다.

스스로를 옳다 그르다 판단하지 말고
자신의 감정 습관을 알아차리면
감정의 노예가 되지 않게 됩니다.
자기 마음에 늘 깨어 있어야 합니다.

마음의 봄

아무리 늦추위가 기승을 부려도
때가 되면 어김없이 봄이 찾아옵니다.

그러나 마음의 봄은 계절과 달라서
한겨울에도 내가 봄을 맞을 준비가 되어 있으면
봄이 찾아오고 한여름이라도 준비가 안 돼 있으면
마음이 꽁꽁 얼어 봄이 찾아오지 않습니다.

마음의 봄은 어떻게 찾아올까요?
내 뜻대로 돼야 한다는 욕망에 사로잡혀서
뜻대로 되지 않는 현실 때문에 괴로워하면
마음은 차갑게 굳어집니다.

세상은 본래부터 내 뜻대로 다 되지 않으며
설령 내 뜻대로 된다고 다 좋은 일도 아니라는 걸 알면
뜻대로 되지 않아도 마음이 괴롭지 않습니다.
내 마음의 봄,
내가 만들어 보세요.

좋은 인연을
만나고 싶은데

씨앗을 땅에 심으면 인因이 되고
적절한 온도와 습도가 주어지면
연緣이 갖추어져 싹이라는 결과가 생겨요.

이 원리를 사람에게 적용하면
내가 상대를 좋아하는 인과
상대가 나를 좋아하는 연이 만나
연애라는 인연이 생겨요.
나만 좋아해도 안 되고 상대만 좋아해도 안 돼요.
너도 좋고 나도 좋아야 인연이 됩니다.

어느 날 갑자기 백마 탄 왕자님은 오지 않아요.
내가 상대의 손을 잡으면 그것이 시절 인연이에요.
누군가 와서 내 손을 잡아줄 거라 기대만 하고 있다면
감나무 아래서 감 떨어지기를 바라는 것과 같아요.
인연은 기다리는 것이 아니라
내가 만들어가는 것입니다.

부모를 닮은
내 모습이 싫어요

"어릴 때부터 부모님께 늘 야단맞고 커왔습니다.
아이들만은 똑똑하게 키우고 싶지만
저처럼 무능력하고 사랑받지 못하는 사람으로 자랄까 봐
불안한 마음에 아이들을 다그치고 스스로를 자책합니다."

부모에게 야단맞은 것이 싫다고 하면서도
부모가 자신에게 했던 것과 같은 방식으로
자식을 대하고 있습니다.
이대로라면 자식도 똑같아집니다.
내 자식이 나처럼 되지 않도록 키우려면
먼저 나부터 바뀌어야 합니다.
부모를 미워하고 내가 못났다는
잘못된 생각을 버려야 합니다.

'부모님이 야단을 치셨지만
그래도 나를 키우느라 고생 많이 하셨습니다.'
이렇게 부모님께 감사기도를 해야 합니다.

'나는 완전합니다.
지금까지 스스로를 못난이라 생각하며 괴로웠습니다.'
이렇게 진심으로 나에게 참회기도를 해야 합니다.

'정말 미안하다.
내가 어리석어 사랑스러운 내 자식들을 다그쳤구나.'
이렇게 자식들에게도 참회기도를 해야 합니다.

이미 행한 것이 있으니
모든 것이 금방 좋아지지는 않겠지요.
하지만 어떤 결과가 나타나더라도
이미 내가 지은 인연의 과보임을 기꺼이 받아들이면
더 이상의 화근을 만들지는 않을 것입니다.

완벽한 결혼은
없다

여러분은 결혼할 때
어떤 기준으로 배우자를 골랐나요?

능력은 없어도 성격이 나랑 잘 맞고
생활 태도가 좋은 사람을 선택했나요,
아니면 집안이나 능력, 외모를 봤나요?
상대의 외모와 능력으로 배우자를 선택했다면,
나랑 성격이 잘 안 맞는 건 당연한 거예요.

능력과 외모로 선택해 놓고
말을 막 한다, 짜증을 잘 낸다,
술을 많이 마신다, 아무 데나 옷 벗어 놓는다며
상대의 성격과 생활 태도를
문제 삼으니 갈등이 생겨요.

나랑 성격이 잘 맞으면
화목하지만 가난할 수 있고,
능력을 봤다면
풍족하지만 갈등할 수 있습니다.
모든 것이 완벽한 결혼이란 없어요.

결혼은 생활입니다.
좋은 감정이 있으면 다행이지만
살다 보면 한방 쓰는 룸메이트 같아요.
가슴 설레고 달달한 결혼은
영화나 소설 속에서만 가능해요.

결혼에 대한 지나친 기대를 버리고
내가 선택한 기준을 알면
오히려 화목하고 원만한 결혼생활을 할 수 있습니다.

나의 꿈

"스님은 꿈이 무엇이에요?"

어릴 땐 꿈이 많았는데
이 나이 되어보니 다 헛꿈이었어요.
굳이 답한다면 세 가지 꿈이 있어요.

첫째는
사람들이 좀 더 행복하도록 돕는 겁니다.
사람들이 괴롭다고 할 때,
어떻게 관점을 바꾸면 괴로움이 줄어드는지
함께 대화하고 알려주는 겁니다.
부처님의 바른 가르침을 책이 아닌
우리의 삶 속에 녹여 구체적으로 도움을 주는 것이죠.
그래서 즉문즉설 강연을 다닙니다.

둘째는
한반도에서 다시는 전쟁이 일어나지 않도록
진보와 보수, 남한과 북한,

한국과 일본, 북한과 미국의 갈등을 풀어서
평화가 정착되고 통일이 되는 평화통일을 원합니다.

셋째는
일과 수행의 통일,
즉 '선농일치禪農一致' 농장을 운영하는 겁니다.
앞으로 주 4일 근무제가 정착되면
휴일 3일간은 농장에서 농사를 지으며
수행을 하는 것입니다.
밭에 나가기 전에 명상하고
어떤 마음으로 일할지 얘기해보고,
일할 때는 자기 마음을 관찰하고,
일이 끝나면 마음이 어땠는지 나누기 하는 거예요.
자기 얼굴을 자기가 씻듯이
노동이 곧 수행이 되고, 노동이 곧 놀이가 되며
놀이와 휴식이 소비가 아닌
생산으로 이어지게 하고 싶습니다.

부처님이 말씀하신 자리이타自利利他,
삶이 나에게도 남에게도 도움이 되는,
그런 삶의 자세를 갖는 공동체를 만드는 것이
제 꿈입니다.

5.

잘했고 잘하고 있고

잘할 거야

흔들리는 마음

우리의 마음은
바람에 흔들리는 나뭇잎 같습니다.
그런데 마음이 흔들리지 않아야 한다고
생각하기 때문에 힘이 듭니다.

마음은 흔들리는 게 본래 성질입니다.
이 원리를 깨닫고
마음이 흔들릴 때마다
'마음이 이렇게 흔들리는구나' 알아차리면
오히려 내 행동은 흔들리지 않을 수 있어요.

'이 사람이 이렇게 말해서 흔들리고
저 사람이 저렇게 말해서 흔들리는구나.'
이걸 내가 아는 겁니다.

어떻게
살아야 하나

"어떻게 사는 게 옳은 건지 고민입니다."

물은 온도가 영하로 떨어지면 고체가 되고
영상이 되면 액체가 되고 끓이면 기체가 됩니다.
여기에 무슨 기준이 따로 있는 게 아니라
기온에 따라 자연스럽게 얼고 녹고 증발합니다.

등산을 하면 어떤 이는 정상까지 올라가고
어떤 이는 다리가 아파 중간쯤에서 내려옵니다.
정상까지 가는 사람은 정상에 서는 게 중요하고
중간에 내려가는 사람은 다리를 아끼는 게 중요할 뿐입니다.

인생은 다만 인연에 따라 때에 맞게 살아갈 뿐,
어떻게 사는 것이 꼭 옳다고 할 것이 없습니다.

최고의 선물

아내를 위해, 남편을 위해, 자식을 위해
그리고 부모님을 위해
내가 해줄 수 있는 최고의 선물은 무엇일까요.

내가 행복하게 사는 것입니다.
각자의 인생은 각자 살아가는 것입니다.
주변의 누가 괴롭다 하더라도 그를 위한답시고
내가 괴로워하는 것은 아무런 도움이 되지 않습니다.
부모가 어떻다고 자식이 어떻다고
내가 불행해져서는 안 됩니다.
행복은 누가 대신해 줄 수 있는 것이 아니에요.

자기 스스로 행복할 줄 모르는 사람이
남을 행복하게 해준다는 것은 앞뒤가 맞지 않는 이야기에요.
자기를 사랑하는 것이 남으로부터 사랑받는 길이고
남을 사랑할 줄 아는 길입니다.

즐거움과 괴로움은
한 뿌리

기분 좋은 걸 행복이라고 생각하지만
그것은 욕망의 다른 이름이에요.
결혼하면 행복할 것 같았는데 결혼 때문에 괴롭고
내 집만 마련하면 무슨 걱정이 있겠냐 했지만
내 집이 생기면 그 집 때문에 괴로울 일이 생깁니다.

기분 좋은 일을 좇아갔는데
즐거움은 온데간데없고
괴로움만 남아있습니다.
즐거움과 괴로움은
욕망이라는 한 뿌리에서 나오기 때문이에요.
욕망이 충족되면 기분이 좋고
욕망이 충족되지 않으면 기분이 나쁘고
이런 고와 낙고통과 쾌락이 되풀이되는 한
완전한 행복에는 이를 수가 없어요.

욕망을 따르는 것은 과보를 받아 괴롭고
욕망을 거스르는 것은 스트레스를 받아 괴롭습니다.
둘 다 욕망에 대한 반응일 뿐입니다.
따라가느냐, 이를 악물고 버티느냐,
이 양 극단은 행복의 길이 아닙니다.

행복으로 가는 길은 알아차림입니다.
욕망을 좇느냐, 참느냐의 문제가 아닙니다.
욕망이 일어나는 줄 알아차리면
그 욕망으로부터 자유로워져요.
이것이 부처님이 발견한 제3의 길, 중도입니다.

위로하겠다는 건
내 욕심이에요

내가 남을 위로해 줄 수 있다거나
남을 가르쳐 변화시킬 수 있다는 것은
잘못된 생각입니다.

다만 상대의 이야기를 들어주고
내 경험이 있으면 그것을 나누면 됩니다.

'내가 어떤 말을 해야 저 사람에게 위로가 될까.'
이것은 나의 욕심입니다.

사랑 좋아하시네

사랑해서 만난 부부 사이에 왜 갈등이 생길까요.
사실은 이해관계가 첨예한데 그것을 인정하지 않고
사랑이라고 믿기 때문입니다.

나는 이해관계로 상대를 보면서
상대에게는 사랑으로 대하라고 요구하는 것이죠.
내게 이기심이 있듯이
상대에게도 이기심이 있음을 인정하고
자신의 마음에 비추어 상대의 마음을 짐작해 보면
굳이 사랑이라는 말을 내세우지 않아도
얼마든지 행복하게 살 수 있습니다.

사랑이란 말을 안 써도
상대를 인정하고 이해하는 것이
바로 사랑이에요.

아이의 삶에
자긍심을 심어주세요

부모는 아이가 잘되기를 바라는 마음에
'공부해라, 공부해라' 합니다.
그러나 아이들은 이 말을 잔소리로 받아들입니다.
아이에게 말을 아끼세요.
이래라저래라 하지 말고
스스로 모범을 보여주세요.

스무 살이 되기 전에
혼자서 빨래도 하고 밥도 할 수 있는 능력과
심리적 안정감을 주는 것,
이것만 해줘도 아이는
자기 삶에 자긍심을 갖고 살 수 있습니다.
공부도 중요하지만
심리적 안정이 없으면
아무리 직업이 좋고 지위가 높고 돈이 많아도
행복해지지 않습니다.

내일부터라도
아이 혼자 일어나서 스스로를 챙길 수 있게
믿고 기다려주세요.
사랑은 절제가 필요합니다.
해주고 싶은 마음을 절제하는 것이
아이를 진짜 사랑하는 길입니다.

나이 든다는
것은

과연 나이 들어가는 게 괴로운 걸까요.
나이가 좀 들어야 인생의 맛을 알 수 있어요.

젊었을 때는 미숙했지만 나이가 들어가면
이것저것 경험에서 오는 완숙한 맛이 있습니다.
술도 익어야 맛이 좋고 된장은 숙성해야 맛이 나고
밥은 뜸이 푹 들어야 맛이 있듯이
인생도 늙어야 제 멋이 납니다.

계속 봄이면 좋겠다고 생각할 때
여름으로 바뀌면 괴로울 수밖에 없습니다.
젊음에 집착하기 때문에 늙음이 괴로움이 되는 겁니다.
봄꽃은 예쁘지만 며칠 못 가서 떨어집니다.
떨어진 꽃을 주워가는 사람은 없어요.
그런데 가을에 빨갛고 노랗게 물든 단풍은 떨어져도 예뻐요.
주워서 책갈피에 꽂아두죠.

나이 드는 것을 있는 그대로 받아들이면
젊었을 때 좋았던 것보다 더 좋은 것을 찾을 수 있습니다.
무엇보다 이제 홀가분하게 살 수 있잖아요.

나이 든다는 것은 불행이 아니라
오히려 축복일 수 있습니다.
나이 들어가면서 초라해지느냐 원숙해지느냐는
몸이 아니라 마음의 문제입니다.

누가 주인인가

옷은 몸을 보호하기 위해 입습니다.
그런데 소위 값비싼 명품 옷을 입은 사람들을 보면
옷이 망가질까 봐 늘 신경을 씁니다.
옷이 나를 보호하는 게 아니라
내가 옷을 보호합니다.
이게 바로 전도몽상顚倒夢想입니다.

옷이 나를 위해 있는 게 아니라
내가 옷을 지키는 종이 됩니다.
내 삶이 나도 모르게 거꾸로 됩니다.
그래서 순간에 깨어 있어야 합니다.

차를 굳이 사지 않아도 되면
세상 사람들이 다 자가용을 타고 다녀도
나는 걷거나 버스 타고 다니면 됩니다.

돈이, 지위가, 인기가 주인이 아니라
내가 내 인생의 주인입니다.

다름을
인정하기

우리의 생각이나 의견, 의지는
각자의 경험과 환경에 의해 형성됩니다.
어디서 태어나 어떻게 자랐느냐에 따라
한국말도 하고 일본말도 하듯이
어떤 환경에서 자랐느냐에 따라
김치를 좋아하기도 하고 싫어하기도 합니다.
좋고 나쁘거나 옳고 그를 것이 없는
자연의 원리와 같은 겁니다.

그런데 우리는 인류의 다양한 문화 가운데
한 가지 문화, 한 가지 종교만을 중심에 두고
나머지는 다 열등하다고 잘못 생각합니다.
타인의 생각과 습관을 존중해야 하는데
가장 가까운 사람의 취향조차 존중하지 않습니다.
오직 자기 생각과 습관을 중심에 두고
다른 것을 용납하지 않기 때문에
화가 나고 짜증이 나고 미워집니다.

화나고 밉다는 말은 나만 옳다는 뜻입니다.
그 생각을 내려놓으면
화날 일도 없고 미워할 사람도 없습니다.

겨자씨로 얻은 깨달음

죽은 아들을 살려달라며 울며 매달리는 여인에게 부처님께서 말씀하셨습니다.
"여인이여, 사람이 죽지 않은 집에 가서 겨자씨 한 움큼만 얻어오시오."

여인은 겨자씨가 아이를 살리는 무슨 특효약이라도 되는 줄 알고 온 성안을 돌아다녔습니다. '부정타지 않은 겨자씨, 사람이 죽지 않은 집의 겨자씨를 가져오면 아들이 살아나나 보다' 생각하고는 기뻐서 겨자씨를 구하기 시작했어요. 그런데 겨자씨를 구하는 것은 어렵지 않은데, 사람이 죽은 적이 없는 집을 찾을 수가 없었어요. 성 안의 온 집을 가봐도 어느 집이든 꼭 누군가가 죽은 사람이 있는 거예요.
여인은 희망을 잃지 않고 맨 마지막 집까지 가서 물었습니다.
"이 집에는 누구도 죽은 사람이 없겠죠?"

그러자 그 사람이 말합니다.
"여보세요, 사람이 죽지 않은 집이 어디 있소."
그때 이 여인이 크게 깨달았습니다.
'어떤 집이든 사람이 다 죽는다. 어제 죽었냐, 오늘 죽었냐만 다르지 태어난 사람은 모두 죽는구나.'

자기 아들이 죽었다는 생각에 사로잡혀 있을 때는 죽음의 고통이 자신에게만 있다고 생각했는데, 세상에 나가보니 죽음이란 그냥 보편적 현상이었던 거죠. 죽음도 우리 삶의 한 모습이었어요.

비로소 여인은 마음속에 움켜쥐고 있던 집착에서 놓여나게 되었습니다. 그때서야 죽은 아이를 숲에 묻고는 밝은 얼굴로 부처님께 돌아가니 부처님이 "여인이여, 겨자씨는 얻어왔는가?" 하고 물었습니다.

"아닙니다, 부처님. 겨자씨를 얻지 못했습니다. 이제는 겨자씨를 얻을 필요가 없어졌습니다. 태어남이 있으면 죽음이 있다는 걸 알았습니다. 태어남도 없고 죽음도 없는 그 길을 찾았습니다. 이제 그 길을 가겠습니다."

애인이
배신했어요

연애하다가 헤어졌을 때
상대가 나를 배신했다는 말은 하지 마세요.
사람은 서로 사귀다가
헤어질 수도 있어요.

너를 좋아하는 마음은 내 자유지만
네가 나를 좋아하는 건 너의 자유잖아요.
그런데 여기에 손익을 따지며
내가 이만큼 해줬는데 너는 요만큼만 해줬다는 계산이
자꾸 튀어나옵니다.
그러고는 나를 배신했다,
어떻게 그럴 수가 있느냐며 분노합니다.
그러면 그럴수록 나만 불행해지고
내 삶만 초라해집니다.
이 배신은 상대가 아니라
내가 스스로 만들어낸 겁니다.

사랑을 계산하지 마세요.
헤어지는 경험이 없는 사랑은 없습니다.
이별을 맞닥뜨렸을 때
'당신과 만나서 그동안 즐거웠다. 감사하다.'
긍정적으로 받아들이세요.
그러면 결국 내 삶이 아름다워집니다.

정체성이란
무엇인가

"어려서 외국에 갔다가 성장해서 돌아왔는데,
한국인도 외국인도 아닌 것 같아서
정체성에 혼란이 와요."

제가 질문 하나 해볼게요.
감자는 뿌리채소이고 토마토는 열매채소인데
유전 공학자가 유전자를 조작해서
뿌리에는 감자가 달리고 열매에는 토마토가 달리는
식물을 만들었다면
이 식물은 감자일까요, 토마토일까요?
감자도 아닌 것이, 토마토도 아닌 것이
정체성이 없는 식물일까요?
아니에요.
'감토'라는 새로운 종이에요.

마찬가지로 예전의 인류는
한국에 태어나면 한국인으로 살고
미국에 태어나면 미국인으로 살다 죽었어요.
하지만 요즘은 한국에서 태어나
미국에 사는 사람도 많아요.

'나는 한국인인데 남들처럼 한국말을 잘하지 못하고,
나는 미국인인데 미국 사람만큼 영어도 못한다'고
생각하지 말고
'나는 한국 사람보다 영어를 잘하고
미국 사람보다 한국말을 잘한다'는 것이
스스로의 정체성입니다.

정체성이란 나만의 고유함이지
남과 비교할 필요가 없어요.
나는 '코리안 아메리칸'이라는 새로운 인류학적 종이다!
이렇게 사고를 넓혀봅니다.

지금 이대로
좋은 삶

혼히들 내가 하고 싶을 때 하고,
하기 싫을 때 하지 않는 것을 자유라고 생각합니다.
그러나 인생은 내 뜻대로 되지 않을 때가 많습니다.
그래서 항상 자신의 자유가 속박 받는다고 생각합니다.

하지만 실상현실은 상황이 나를 억압하는 것이 아니라
좋다 싫다는 내 마음이
나를 자유롭지 못하게 속박하는 것입니다.
좋다 싫다에 매여 있는 한 자유로울 수 없습니다.

좋다 싫다에 구애받지 않는
언제나 지금 이대로 좋은 삶이어야 합니다.
지금 이대로의 인생이 훌륭하고 가치 있다고 생각하면
진정한 자유를 얻을 수 있습니다.

너는 소원이 뭐니?

학생에게 물었습니다.
너는 소원이 뭐니?
공부 잘하는 거예요.
공부 잘해서 뭐하려고?
좋은 대학 가려고요.
이렇게 계속 물어가면
좋은 대학 가야 좋은 직장에 취직하겠지요.
좋은 직장에 취직해야 돈을 많이 벌겠죠.
돈 많이 벌어야 좋은 집도 사고 결혼도 하겠지요.
좋은 집 사고 결혼도 하면 행복하게 살겠죠.
결국 우리는 행복을 추구합니다.

하지만 행복해지는 데는
이렇게 긴 시간과 과정이 필요하지 않습니다.
지금 이 순간 만족하면 바로 행복해질 수 있어요.

주어지는 대로

내가 좋아하는 일을 찾아
열심히 노력하는 것은 행복한 일입니다.
하지만 내게 주어지는 일을
열심히 해보는 것도 좋습니다.
청소를 해야 하면 청소를 열심히 하고
노래를 불러야 하면 노래를 열심히 부릅니다.
정해진 모양이 없는 물처럼
주어진 조건에 따라
모양을 바꾸며 적응하는 것을 '화작化作'이라 하여
수행에서는 최고의 단계라고 말합니다.

자기 고집을 버리고 자기를 내려놓았을 때에만
비로소 가능한 일이기 때문입니다.

시험을 준비하는
청년에게

어떤 형식의 시험이든
시험을 준비하는 모든 사람에게
같은 이야기를 해주고 싶습니다.

한번 도전할 때 온 힘을 기울이세요.
그랬는데도 결과가 기대에 못 미친다면
그만두는 것이 가장 좋지만
미련이 남고 조금 아쉬우면 두 번까지는 도전해보세요.
하지만 그 이상의 도전은 낭비입니다.

해마다 졸업생들이 더해져 경쟁이 치열해지니까
공부 강도가 점점 더 세져야 하는데
사람 의지가 그렇게 강하지 못합니다.
자칫하면 공부하는 게 직업이 돼서
고시중독증이 생길 수 있어요.

공부를 그만둘 때는
가볍고 기쁘게 그만둡니다.
아까운 시간을 버렸다고 후회하지 말고
'내가 하고 싶은 공부 실컷 해봤다.
귀한 경험 쌓았다' 여기고
다른 일을 찾으면 됩니다.

세상에는 내가 할 수 있는 일이
무궁무진하게 많습니다.

직장을
그만두고 싶어요

"직장생활 5년차입니다.
남들은 평생직장이라며 부러워하지만
업무와 동료 관계가 힘들어서 그만두고 싶어요."

사회적으로 인정도 받고 돈도 잘 벌지만
변호사를 그만두는 사람도 있고
의사를 그만두는 사람도 있습니다.
그깟 직장이 뭐 그리 중요하다고
그걸 붙들고 괴로워합니까.
전혀 그럴 가치가 없습니다.
남이 좋은 직장을 왜 그만두냐고 해도
내가 싫다면 그런 말은 귀담아들을 필요가 없습니다.
가볍게 그만두면 됩니다.

그러나 직장을 그만둔다고 행복해지는 것은 아닙니다.
다른 직장에 가도
얼마 다니지 않아 괴로워 하고
또 다른 직장을 잡지 못해
백수로 지내면서 괴로워할 수도 있습니다.

지금 직장을 그만두는 게
문제의 해결책이 아닙니다.
이 괴로움이 직장으로 인해 생긴다고 착각하는 자기 자신을
먼저 똑바로 바라보아야 합니다.

내가 변해야
진짜 공부

부처님의 가르침은 오직 자기에게만 적용해야 합니다.
불법佛法을 자기에게 적용하면
부딪치는 것마다 공부거리가 되고
온갖 문제들을 해결하는 단초가 됩니다.

그런데 우리는 불법을 자기에게 적용하지 않고
남에게 적용합니다.
자기는 욕심을 내면서 남이 욕심내는 것을 비난하고
자기는 정직하지 않으면서 남에게 정직하라고 훈계합니다.
이렇게 하면 부처님의 법도
유용한 도구가 아니라 비수가 됩니다.

남이 변하기를 바라지 말고
먼저 자기 자신부터 변해야 합니다.

국수 한 그릇의
행복

우리는 부자들을 보면
'전생에 무슨 복을 지어 부잣집에 태어났을까?'
하고 부러워합니다.
그런데 부잣집에서 보호만 받고 자란 사람은
어려움이 생기면
보통사람보다 더 큰 고통을 느끼고
해결 방법을 찾지 못합니다.

걷다가 다리 아프면 주변 눈치 안 보고
길가에 앉아 쉴 수 있고
포장마차에서 국수 한 그릇으로
웃을 수 있는 평범한 사람들이
전생에 복을 많이 지은 사람들입니다.

평범하고 소박하지만
내 손에 쥔 작은 행복이 가장 큰 복입니다.

상대의 마음을 얻고 싶을 때

"영업직에 있는데 사람 만나는 게 부담스러워요."

영업하면서 사람 만나는 게 부담스러운 것은
이 사람을 잡아야 하는데
안 잡힐까 봐 불안한 거예요.
'상대가 내 실적이 돼야 한다.'
이런 생각을 놓아야 합니다.

잘 보이고 싶다고
상대가 잘 봐주는 게 아니에요.
나는 그 사람에게 최대한 정보만 제공하면 되지
하고 안 하고의 결정은
그 사람 선택이라는 관점이 필요합니다.

영업을 하면서
내가 원하는 대로 하려는 생각이 강해
사람 만나는 게 부담되는 거예요.
그걸 탁 놓아버리면
사람 만나는 게 덜 부담됩니다.
나는 그 사람을 위해서
안내만 충분히 해준다고 생각하세요.

하고 싶은 일이
없어요

"휴직중입니다.
처음엔 잘 쉬다가 이제 슬슬 초조해지는데
딱히 하고 싶은 일도 없어요."

놀면 놀수록 하고 싶은 일은 더 없어져요.
노는 것보다 더 좋은 일은 없으니까요.
일은 해야겠고, 당기는 일은 없고
그럴 때 좋은 방법이 있습니다.

돈은 적게 받고 몸은 힘든 막일을 하면 돼요.
저도 해마다 몇 차례씩 경험합니다.
필리핀 오지를 온종일 걷기도 하고
47도까지 오르는 인도에서 구호활동도 하고
기차표를 못 구해서 선 채로 하루씩 이동하고

그러다가 우리나라에 돌아오면
웬만해서는 다 좋게 느껴져요.
활기가 떨어지면 걱정 다 내려놓고 일단 쉬세요.
그러다가 일해야겠다 싶으면 힘든 일부터 시작해 보세요.
그러면 모든 일이 쉽게 느껴지고
하고싶은 일이 저절로 보입니다.

꿈을 향해
가기가 힘들어요

"큰 꿈을 이루려고 무리하다 보니
자꾸 몸이 아프고 불안해져요."

대통령이 되겠다면 큰 꿈이고
선생님이 되겠다면 작은 꿈일까요?
그냥 꿈의 종류가 다를 뿐,
세상엔 큰 꿈도, 작은 꿈도 없어요.

꿈을 원(願)과 욕심으로 나눌 수는 있지요.
꿈이 이루어지지 않았을 때
괴롭지 않으면 원이라 하고
괴로워하면 욕심이에요.
꿈을 이루기 위해서는
그 꿈에 합당한 노력을 하면 돼요.
느리든 빠르든 상관없이
꿈을 향해 한 발 한 발 나아가는데
왜 힘들고 불안할까요?

욕심 때문이에요.
'빨리 이루겠다. 남들처럼 성공하겠다.'
욕심을 내니 무리하고 힘든 거예요.

자전거를 배울 때 어떤가요.
세 번쯤 넘어지고 주저앉아 울며
"자전거가 안 좋네, 소질이 없네"하고
한탄하고 괴로워한다면
그 사람의 꿈은 원이 아니라 욕심입니다.
넘어질 때마다 연구하고 다시 연습하면
괴로울 틈이 없어요.
연구 덕분에 실력이 늘어요.

어떤 꿈이든 실현 여부가 중요한 게 아니에요.
괴롭지 않으면 능력을 키워주는 원이고
괴로우면 헛된 욕심에 지나지 않아요.
자신이 할 수 있는 일에
하루하루 충실할 뿐,
불안해하면서 무리할 필요가 없습니다.

눈 감을 때

고등학교 때로 돌아가 볼까요.
그때는 시험점수 80점 맞다가 60점 맞으면
하늘이 무너진 것 같지만,
30년이 지난 지금 그게 무슨 의미가 있나요?
점수나 등수가 좀 바뀌었다고
지금의 내 인생이 크게 달라졌을까요?

눈 감을 때가 되면
예전 어느 날 저녁에
쌀밥 먹었나 보리밥 먹었나 중요하지 않습니다.
우리는 쓸데없는 것에 집착하여
정작 중요한 것은 놓치고
나를 괴롭히고, 남도 상처 주는
바보 같은 인생을 살 때가 많습니다.

눈 감을 때의 관점을
일상 속에서 지닐 수 있으면
인생을 편안하게 살 수 있습니다.
작은 것에 정신 팔려
지금 가장 소중한 것을 놓치고 있지 않나요.

6.

지금 이대로

내가 참 좋다

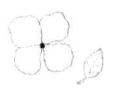

댓돌 위의
신발

절 마당 댓돌에는
신발이 늘 가지런히 놓여 있습니다.
수행자는
신발을 벗는 그 순간에 깨어 있기 때문입니다.

절간이 깨끗한 것도
무조건 청소를 열심히 해서가 아닙니다.
걸레를 쥐고 닦는 순간에 깨어 있기 때문에
바닥의 작은 티끌도 놓치지 않는 것입니다.

청소를 하거나 밥을 먹거나 걸을 때
매 순간 깨어 있습니다.
지금 이 순간에
온전히 깨어 있는 삶을 삽니다.

마음이
답답해요

상대의 심정을 이해하면
내 마음이 편안합니다.
'저 사람은 왜 저러나' 하며 이해하지 못하면
내 마음이 답답합니다.
그 사람이 하는 행동과 생각을 이해하면
내 가슴이 후련합니다.

이것이 바로 내가 나를 사랑하는 법입니다.
남을 이해하는 것이
바로 나를 이롭게 하는 길입니다.

나무는 저절로
그늘을 드리운다

나무는 나무대로 자라다 보니
남에게 그늘을 드리워줍니다.
나무가 남을 쉬게 해주려고
그늘을 드리우는 게 아니지요.

우리도 자기 나름대로 행복하게 살면
그것이 남에게도 도움이 됩니다.
남에게 도움이 되는 일을 하겠다고 억지로 하면
내가 무거운 짐을 지게 됩니다.
그러면 내가 행복하지 못하고
결국 남도 행복하게 해줄 수가 없습니다.

자기 자신의 삶에 충실하는 것이
곧 나를 돕고 남을 돕는 길입니다.

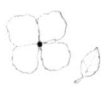

중도

화가 난다고 화를 내는 것은
욕망을 따르는 쾌락에 속하고
화가 날 때 무조건 참는 것은
욕망을 억제하는 고행에 속합니다.
욕망을 따르거나 억제하는 것은 해탈의 길이 아닙니다.
해탈은 쾌락과 고행을 떠난 제3의 길, 중도입니다.

중도란
화에 끌려가지도 말고, 화를 참으려 애쓰지도 말고
다만 화가 일어남을
알아차리고 지켜보는 겁니다.

화가 일어날 때 곧 알아차리면 화는 사라집니다.
순간순간에 깨어 있으면
일어나는 즉시 알아차릴 수 있습니다.
알아차리지 못해 이미 화가 났을 때는
화를 지켜봐야 합니다.
감정을 폭발시키거나 참는 쪽으로 가지 말고
그것이 일어나는 상태를 지켜봅니다.
그러면 그 감정과 욕망으로부터 자유로워질 수 있습니다.
이것이 중도입니다.

아픈 것도
수행이에요

"우울증으로 약을 먹고 있습니다.
어떻게 하면 마음이 편안해질까요?"

수행도 하고 법문을 들으면
마음이 가벼워지는 데 도움은 되겠지만
우울증을 수행으로만 해결할 수는 없어요.

아프면 병원에 가서 검사해보고
의사가 괜찮다고 하면 괜찮은 거고
아프면 치료받으면 되는 거예요.
일단 의사가 약을 끊으라고 할 때까지
약을 꾸준히 먹어야 해요.
의사가 약을 그만 먹으라고 해도
증상이 다시 일어나면 약을 챙겨 먹어야 해요.
만약에 약을 평생 먹으라고 하면
평생 먹으면 돼요.
이게 수행입니다.

약을 안 먹는 게 수행이 아니고
안 아픈 게 수행이 아니에요.
아프면 아픔을 알아차리는 것
아파도 아픔에 구애받지 않는 것
이게 수행입니다.

명상을 할 때는

생각이 혼란스럽고 마음이 불안할 때는
조용한 곳에 앉아 가만히 눈을 감고
마음을 코끝에 집중해서
들숨과 날숨을 알아차립니다.

눈을 감으면 어느 곳이든 언제든 관계없이
시간과 공간이 사라져버리고
다만 들숨과 날숨이 있을 뿐입니다.
마음을 코끝에 집중하면
코로 숨이 들어오고 나가는 것을
느낄 수 있습니다.

그러나 조금 지나면 숨이 들어오는지 나가는지
알아차리지 못합니다.
머릿속에 이런저런 생각이 떠올라
나도 모르게 거기에 빠져들어 호흡을 놓칩니다.
그래도 포기하지 말고 마음을 코끝에 집중하고
들숨과 날숨을 알아차립니다.
바깥에서 어떤 소리가 들리든
몸에서 어떤 감각이 일어나든
졸음이 오든, 머릿속에서 어떤 생각이 떠오르든

거기에 마음을 빼앗기지 말고
다만 들숨과 날숨을 알아차립니다.
놓치면 '놓쳤구나!' 하고 알아차리고
다시 호흡에 집중합니다.
처음부터 잘 되지는 않겠지만
계속 꾸준히 반복해서 연습해 봅니다.

명상은 머릿속에 떠오르는 생각이
없어지도록 하는 것이 아니라
머릿속 생각은 수없이 반복되어도
그 생각에 빠지지 않고 다만 호흡에 집중해서
들숨과 날숨을 여실히 알아차리는 것입니다.

화로부터의
자유

보통 나도 모르게 화를 벌컥 내고는
이렇게 말을 하지요.
'나도 모르게 화를 냈다.
습관적으로 냈다. 무의식적으로 냈다.'
이것은 마치 마약 혹은 담배 중독처럼
습관이라는 말입니다.

마음의 습관이
우리의 감정을 불러일으키는 바탕입니다.
인간의 감정은
이미 형성된 습관으로부터 일어나는 반응일 뿐입니다.
어릴 때 어떤 습관을 들이느냐에 따라
상황에 대한 반응이 달리 나타나지요.
그러니 감정도 자신의 것이 아니에요.

그런데 우리는 자기감정을 절대화시켜
그에 맞게 세상을 바꾸려 하니 힘들죠.
좋고 싫고는 절대적인 것이 아니고
자기 마음의 습관임을 알아야 합니다.

화도 이런 마음의 습관에서 나옵니다.
감정의 습관에 구애받지 않을 때
자유의 길로 나아갈 수 있습니다.

그냥 '싹' 해버립니다

살다 보면 우리에게는
늘 핑계거리가 생깁니다.

이것은 자기가 자기에게 속는 것입니다.
이럴 때 핑계를 만드는 무의식을
용납하지 않는 것이 대결정심입니다.
하기로 했으면 그냥 해버리세요.

각오하고 결심하면 못합니다.
의식이 무의식을 이길 수가 없기 때문입니다.
그래서 작심삼일이라는 말이 생겨납니다.
그러니 조금의 이유도 붙이지 말고
그냥 하세요.

아침마다 백팔 배를 하겠다고 마음먹었는데
하기 싫을 때가 있습니다.
'조금만 더 자다가 하자.
오늘은 비가 오니까 내일부터 하자.'
이렇게 온갖 핑계가 일어납니다.
그럴 때 그냥 일어나서 해버려야 합니다.
그렇게 하면
순간 일어나는 하기 싫다는 마음을
사라지게 할 수 있습니다.
그렇게 몇 번만 하면 싫은 마음이 사라집니다.

하기로 한 것은
그냥 '싹' 해버립니다.

번뇌에서
벗어나려면

번뇌에서 벗어나려면 어떻게 해야 할까요?
파도가 이는 바다에 가서
"파도야 일어나지 말라"고 해도 파도가 일어나듯이
번뇌는 일어나지 말라고 해도 일어나요.

문제는 내가 그 번뇌에 빠질 때 생깁니다.
어떤 생각이 꼬리를 물고 일어나면
나중에 번뇌의 노예가 돼요.
그러므로 번뇌가 일어나든지 말든지
상관을 하지 말아야 돼요.
'번뇌가 일어나지 말았으면' 하는 생각도 번뇌입니다.
그냥 '번뇌가 일어나네.
지금 이런 생각이 일어나네' 하면서
일어나는 걸 그대로 인정하며
거기에 구애받지 않으면
결국 나의 의지대로 살 수가 있습니다.

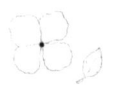

기도는 어떻게
해야 할까요

기도하면 소원이 이루어질 때도 있고
이루어지지 않을 때도 있습니다.
이루어지면 '은혜 입었다, 가피 입었다'고 좋아하지만
이루어지지 않으면 '기도해봤자 아무 소용없네.
믿어봤자 소용없네'라고 합니다.

그러면 어떻게 기도해야 할까요?
'오늘도 부처님 가피 덕에 잘 살고 있습니다.
오늘도 주님의 은혜 속에 잘 살았습니다.
감사합니다.'

감사 기도를 한다는 것은 복을 이미 받았다는 뜻입니다.
이게 믿음이에요.
여러분이 몰라서 그렇지 이미 복을 많이 받았어요.
그러니 이것저것 요구하지 말고
감사 기도를 하면 됩니다.

베풀 때
가장 행복해요

인생의 문제를 해결하려고 누군가의 힘을 빌기 위해
재물을 갖다 바치고 비는 것을 기복이라고 합니다.
남에게 무엇인가를 빌고 부탁해서 얻으면
처음엔 기쁘지만 한 번, 두 번, 세 번 계속 되면
주는 상대가 부모여도 그 앞에 서면 위축됩니다.

빌어서 얻는 것은 행복이 아닙니다.
처음엔 쉽게 얻는 게 좋지만 중독되면
마약처럼 자립심을 해쳐서 의지하는 인간이 됩니다.
이런 중독에서 벗어나려면
바라는 마음 없이 도와주고 베풀면 됩니다.

사람은 베풀 때 가장 행복해요.
베풀고 사랑함으로써 행복해지는 게 바른 수행입니다.

교회에 갈까요,
절에 갈까요

"엄마와 종교가 달라서
죽은 뒤에 천국과 극락으로 헤어질까 봐
걱정이에요"

20년쯤 다니던 집 앞 단골가게가 있는데
큰 슈퍼마켓이 근처에 새로 생겼다고 가정해봅시다.
둘 중 어디로 갈지는 소비자의 자유입니다.
가게 주인은 섭섭할 수도 있겠죠.

교회 다니다 절에 오든
절에 다니다 교회 가든 아무 문제 없지만
그 절이나 교회 입장에서는
신도가 다른 곳에 가면 싫어할 수 있어요.
그런데 여러분은 소비자니까
가고 싶은 데로 가면 됩니다.
둘 중에 하나만 다녀도 되고,
하나를 주로 다니고
하나를 가끔 가도 돼요.

둘 다 다녀도 되고
둘 다 안 가도 됩니다.

다만 교회 가서 '절이 좋더라'
절에 가서 '교회가 좋더라' 하면
예의가 아니에요.
가게 주인은 하나만 다니라고 하겠죠.
그건 그들의 이야기고
나는 내가 원하는 대로 다니면 돼요.

부처님, 하나님이 자비로운 분이라면
어렸을 때 절에 다녔다고,
집 앞에 있는 교회 다녔다고
싫어하지 않으니 걱정 마세요.

죽은 소에게
풀 먹이는 아이

 부처님께서 탁발을 하러 어느 마을에 들어가니 어린 아이가 동네 어귀에서 훌쩍이고 있었습니다. 왜 우느냐고 하니, 아버지가 돌아가신 할머니 무덤가에서 아무 것도 안하고 3년간 울고만 있는데 아무리 말려도 소용이 없다고 합니다. 부처님이 아이의 귀에다 대고 뭐라고 속삭이니 아이의 얼굴이 환해지면서 고개를 끄덕였습니다.

 얼마 안 있어 온 동네에 누구네 집 아들이 미쳤다는 소문이 퍼졌어요. 소가 죽어 있는데 그 아이가 풀을 한아름 베어다 죽은 소에게 "소야 풀 좀 먹어라. 소야, 풀 좀 먹어라" 한다는 겁니다. 이 소문을 들은 아버지가 달려가 봤더니 정말 아들이 죽은 소에게 풀을 주고 있었어요. 놀란 아버지가 아들에게 "죽은 소는 꼴을 못 먹는다. 그러니 헛된 짓을 하지 마라!"고 했습니다. 그래도 아들이 말을 듣지 않자 화가 난 아버지가 "이놈아! 죽은 소가 어떻게 풀을 먹어?" 소리를 지르니, 아들이 아버지를 쳐다보면서 "그러면 아버지는요?"라고 되물었습니다.

이 말에 아버지가 탁 깨쳤다고 합니다.

깨닫자마자 마음속의 슬픔이 순식간에 사라져버렸습니다. 상황이 변하지 않았는데도, 죽은 어머니가 살아오신 게 아닌데도 슬픔과 번뇌가 사라진 것이죠. 이렇게 부처님은 상황을 변화시키지 않고 바로 무지를 깨우침으로써 고뇌가 사라지게 합니다.

좋은 게 반드시
좋은 게 아니다

내 뜻대로 되지 않아서 괴로운 것만이 수행의 장애가 아니라
내 뜻대로 되었다고 좋아하는 것 또한 수행의 장애입니다.

예컨대 남편이 술을 많이 마셔 고민인 부인이
그 괴로움에서 벗어나고자 수행을 시작합니다.
수행의 과제는
술 마시는 남편은 나쁜 사람이라는
평소 자신의 생각을 내려놓는 것입니다.
'우리 남편에게 술은 보약입니다.
보약은 매일 빠지지 않고 먹어야 합니다.'
어느새 남편의 음주가 별문제가 되지 않고
부인의 마음은 편안해졌습니다.
마음이 편안해지니 부부 사이도 좋아지고
남편도 스트레스를 덜 받아 술 마실 일이 줄어들었습니다.

부인은 드디어 기도가 효험을 본다며 기뻐합니다.
하지만 이때가 바로 수행의 장애가 나타나는 순간입니다.
남편이 술을 덜 마신다고 기뻐하는 마음은
예전에 술을 많이 마신다고 괴로워했던 것처럼
술 마시는 것은 나쁘다는 생각에
뿌리를 두고 있습니다.
그래서 '조금만 더 열심히 수행하면
남편이 술을 끊겠구나' 하며 바라는 마음을 갖고
더욱 열심히 수행 정진하지만
바라는 대로 되지 않아 남편에게 더 큰 불만을 가지면서
결국 수행을 포기합니다.
이것이 수행을 하면서 가장 주의해야 할 마장魔障입니다.

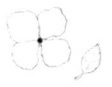

옳고 그름이
없다

우리는 보통 참회를 당신이 잘하고
내가 잘못했다는 것으로 받아들입니다.
하지만 그런 마음으로 참회를 하면
이는 또 옳고 그름을 분별하는 것입니다.
이렇게 하면 아무리 참회의 절을 해도
억울한 마음이 사라지지 않습니다.

마음 밑바닥에는
'나도 잘할 때가 있는데'라는 생각을
떨칠 수가 없기 때문입니다.
참회란 너와 나의 잘못을 따지는 것이 아니라
옳고 그름이 본래 없음을 자각하는 것입니다.

기도는 바라는 마음을
내려놓는 것

이 세상에는 기도해도 온갖 일이 일어나고
기도를 안 해도 일어납니다.
세상 일은 기도와 상관없이 일어납니다.
일어나는 사건은
좋은 것도 아니고 나쁜 것도 아닙니다.
그냥 일어나는 사건일 뿐입니다.

내가 어떻게 보느냐에 따라
좋은 일이 되기도, 나쁜 일이 되기도 할 뿐입니다.
진정한 기도는
잘 되게 해달라고 비는 것이 아니라
좋다 나쁘다로 바라보는 마음을 내려놓는 것입니다.

기도를 바르게 하면
어떤 일이 일어나도 해결책을 찾고
다른 사람들이 허둥대더라도
나는 의젓하게 지낼 힘이 길러집니다.

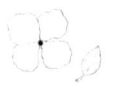

윤회에서
벗어나려면

사람들은 바라는 바가 이루어지면 좋아하고
이루어지지 않으면 괴로워합니다.
바라는 바를 이루면 천국에 있고
이루어지지 않으면 지옥에 떨어집니다.
우리의 인생은 욕망이 이루어지거나
이루어지지 않는 사이에서 돌고 돌아요.
괴로움과 즐거움, 불행과 행복이 돌고 돕니다.
이것을 윤회라고 합니다.

윤회에서 벗어나려면
고락의 근원인 욕망에서 벗어나야 합니다.
바라는 바가 이루어져야 행복하다는 생각에서
벗어나야 합니다.

옆에 있는 사람이
하늘입니다

먹을 것 다 먹고
입을 것 다 입고
잘 것 다 자고
기도의 가피는 얻을 수 없습니다.
하늘을 감동시켜야 합니다.
사람이 곧 하늘이니 사람을 감동시켜야 합니다.
그러면 영험이 생깁니다.

간절한 기도는 옆 사람이 더 잘 압니다.
아내의 기도는 남편이 감동합니다.
남편의 기도는 아내가 감동합니다.
부모의 기도는 자식이 감동합니다.
옆에 있는 사람이 하늘입니다.

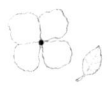

아부하기
싫어요

"다른 사람에게 잘 보이려고
눈치 보고 아부하기 싫어요."

산에 가서 혼자 살 게 아니면
남이 원하는 걸 할 수 있어야 해요.
아부를 나쁘게 평가하면 안돼요.
남에게 잘 보이려고 화장하는 것처럼
잘 보이려고 아부도 하고 심부름도 할 수 있어요.
남의 눈치 보기 싫다고 여름에 훌렁 벗고 다니면 안 되잖아요.
눈치 보고 살 필요는 없다 하더라도
기본적인 예의는 갖춰야 합니다.
함께 있는 곳에서 다른 사람 신경 안 쓰고
내 일만 할 수는 없어요.

다른 사람들과의 관계도 중요해요.
내 주장이 너무 세면 조금 줄여보고
남들이 말 없다고 답답해하면 조금 주장도 해보고
주장해서 저항이 생기면 또 줄이면서
중간을 찾아가는 연습을 해보세요.

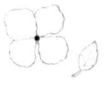

있는 그대로 보기

여기에 물이 담긴 그릇이 있습니다.
그릇에 붉거나 푸른 물이 담겨 있으면
사람들이 자기 모습을 비춰 보려 해도
그대로 비치지 않습니다.
사람의 마음도 탐욕에 물들어 있거나
노여움에 휩싸여 있거나 어리석음과 의심에 가려져 있으면
있는 그대로를 비추지 못합니다.

사실을 사실대로 알아차리지 못하면
사실 파악에 오류가 생기고
그 오류에 기초해서 생각하니까 판단이 잘못되고
말이나 행동이 잘못될 수밖에 없죠.
그래서 수행할 때 가장 중요한 것이
사실을 사실대로 아는 것입니다.
이것은 머리로만 이해해서는 안 되고
경험을 통해 몸으로 체험해야 합니다.
이것을 두고 증득한다고 말합니다.

명상을 예로 들어봅시다.
가부좌를 틀고 앉으면
다리가 저리고 몸이 가렵고 온갖 통증이 일어납니다.
몸에서 일어나는 싫은 느낌을
다만 느낌으로 보는 것이 있는 그대로 보는 것입니다.
그런 경험을 통해 어떤 느낌도
일어났다가 사라짐을 온전하게 체험하면
느낌에 초연해집니다.

이렇게 이치를 바르게 이해하고
몸과 마음을 통해 경험하면
사물을 있는 그대로 볼 수 있습니다.
있는 그대로 아는 것^{보는 것}이 수행의 출발점입니다.

있는 그대로의
내가 참 좋다

"나를 사랑하라는데, 방법을 잘 모르겠습니다."

우리에게는 두 가지 '나'가 있습니다.
하나는 현실의 나이고 또 하나는 이상의 나입니다.

현실의 나는 아침에 늦게 일어나고
결심을 해도 실천을 못하지만
이상의 나는 아침에 벌떡 일어나고
결심하면 그대로 실천합니다.

나를 사랑하라는 것은
현실의 나를 인정하고 받아들이라는 것입니다.
'이상의 나'를 높이 세울수록 '현실의 나'를 미워하게 되고
그럴수록 나는 더욱 초라하고 왜소해집니다.
그러니 이상의 나를 버리고
현실의 나를 긍정해야 합니다.

지금 이대로 괜찮습니다.
설령 조금 부족하더라도 지금의 내가 괜찮습니다.
자기 긍정의 바탕에서 욕심을 버리고
조금씩 자신을 바꿔 나가면 됩니다.

있는 그대로의 자기를 긍정하는 것이
자기 사랑의 시작입니다.

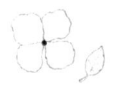

나 먼저 행복하기

인생을 살 때 첫 번째 기준은
자기가 먼저 행복해야 한다는 겁니다.
자기를 희생하면
대가를 바라게 됩니다.
내가 이렇게 희생했으니
칭찬을 받든지 상을 받을 거라고 기대합니다.
기대대로 안 되면
불만이 생기고 억울해져요.

남편이나 자식에게 정성들여 뒷바라지를 했는데
나중에 그 공덕을 몰라주면
섭섭하고 괘씸해져서 서로 원수가 됩니다.

우선 자기가 행복해야 합니다.
남을 즐겁게 하기 전에
내가 먼저 즐거워야 해요.
이걸 놓치면 결국
처음 원하던 것과 정반대의 일이 일어납니다.
진리는 나도 좋고 남도 좋은 것입니다.

내가 움켜쥔 구슬

제가 어릴 때 구슬치기를 잘해서
친구들의 구슬을 많이 땄습니다.

그때는 구슬을 보물처럼 움켜쥐고 놓지 않았는데
지금은 그 구슬이 어디에 있는지도 몰라요.

한때는 전부였던 것이
지나고 보면 아무것도 아닐 수 있습니다.

지금 나는 어떤 구슬을 움켜쥐고 있는지
돌아봐야 합니다.

소비하는 삶에서
순환하는 삶으로

자연에는 쓰레기가 없습니다.
자연의 순환을 보면
각자 생존하면서도 다른 생물의 생존까지 돕죠.

그런데 우리는 나도 파괴하고 남도 파괴하는
소비적인 삶을 삽니다.

대량소비 대량생산은 자원고갈과 환경파괴로
다시 우리에게 돌아옵니다.

내 삶을 행복하게 만들고
남에게도 도움이 되는
검소한 삶, 소박한 삶을 살아야 합니다.

낙엽을 보면
쓸쓸한가요

떨어지는 낙엽을 보면 쓸쓸한가요.
동산의 둥근 달을 보면 그리운가요.
쓸쓸한 게 낙엽 탓은 아니죠.
그리운 게 달 탓은 아니죠.
쓸쓸함도 그리움도 다 내가 일으킵니다.
술을 먹고 늦게 들어온 배우자에게 화가 났다면
화가 난 것은 내 탓이지 상대 탓이 아니에요.

우리는 상대의 모습을 내 마음대로 그려놓고
왜 그림과 다르냐고 상대를 비난합니다.
있는 그대로 보지 못하는 마음의 착각이
우리 모두를 힘들게 합니다.

얼음이 녹아서
물이 되듯

오래 살고 싶다는 욕망에는
인연 맺은 사람들과 헤어지기 싫다는
집착이 존재합니다.
자식이 결혼할 때까지만,
손주 볼 때까지만,
손주 대학 갈 때까지만…
하지만 아무리 죽음을 피하려 해도 피할 길은 없어요.

삶과 죽음은 하나의 변화일 뿐입니다.
얼음이 녹아서 물이 되면
어린 아이는 얼음이 없어졌다고 생각하지만
어른은 얼음이 사라진 것이 아니라
물로 변했음을 압니다.

우리네 죽음도 이와 같이 변할 뿐인데
우리는 보이면 살았다 하고
안보이면 죽었다 하고
변하지 않기를 바라는 것은
헛된 생각을 고집하는 것이고
이 집착 때문에 괴로움이 생깁니다.
변하는 것이 당연함을 알면
괴로움이 사라집니다.
늙음도 죽음도 단지 변화일 뿐,
알고 나면 두려울 게 없습니다.

날마다 새날입니다

매일 마음을 새롭게 할 수 있다면
나날이 새날이고 나날이 새해입니다.

굳이 날을 정해 한해의 끝을 맺는 것은
지난 것은 다 털어버리고
새로 시작해 보자는 뜻입니다.
매년 이렇게 지나간 것을 털어버리는 연습을 해야
죽을 때 잘 털고 갈 수 있어요.

좋은 기억이든 나쁜 기억이든
좋은 경험이든 나쁜 경험이든 다 놓아 버리세요.
날마다 새로운 마음으로
살아가시기 바랍니다.

지금 이대로 좋다

1쇄 발행 | 2019년 10월 30일
38쇄 발행 | 2025년 12월 10일

지은이 | 법륜

펴낸이 | 김정숙
기획편집 | 이상옥 전은지 이정민 박정은 손명희
디자인 | 정계수
제작처 | 금강인쇄

펴낸곳 | 정토출판
등 록 | 1996년 5월 17일(제22-1008호)
주 소 | 06653 서울특별시 서초구 효령로51길 42 (서초동)
전 화 | 02-587-8991
전 송 | 02-6442-8993
이메일 | jungtobook@gmail.com

ISBN 979-11-87297-23-9 03810
ⓒ 2019. 정토출판
이 책 내용의 일부 또는 전부를 재사용하려면 반드시 정토출판의 동의를 얻어야 합니다.